佐賀偉人伝——14

# 枝吉神陽

大園隆二郎 著

# 佐賀偉人伝14　枝吉神陽目次

# はじめに

枝吉神陽《えだよししんよう》は文政五年（一八二二）に生まれた。名は初め種彬《たねあきら》、のち経種《つねたね》。通称は少年のころ駒一郎《こまいちろう》、のち平左衛門《へいざえもん》、さらに安政二年から木工助《もくのすけ》に改めた。字は世徳《せいとく》、号は神陽、また別号を焦冥巣《しょうめいそう》と称した。焦冥巣とは、群れて蚊の睫毛《まつげ》に集まり巣作りするような、小さな小さな虫の巣のことである。人の争いが、高い観点から見ればごく小さなことであるという喩えに使われる。神陽が自分を客観視しようと付けた号であろうか。神陽は背丈は六尺（約百八十センチ）ほどあり、がっちりした体格ですこぶる健脚、一日二十里（約七十九キロ）を歩き、富士山を下駄ばきで登っても疲れなかった。また、高い鼻、長い耳、大きな口で、眦《まなじり》も長く、しっかりした顔つきで、まなざしに力があった。大きな声は接する人に、その深い学識とともに強い印象を与え、一見して偉人の風貌があったという。

父は藩校弘道館の教諭で枝吉忠左衛門《えだよしちゅうざえもん》（名は種彰《たねあき》、号は南濠《なんごう》）、母は木原壮兵《きはらそうべ》衛《え》の娘喜勢《きせ》、その長男が神陽である。姉一人（早世）、弟に種厚《たねあつ》（早世）、龍種《たつたね》（のちの副島種臣《そえじまたねおみ》）、利種《としたね》の三人があり、その下に、妹萬寿《ます》がいた。石高は三十石（安政年間）で、内五石は本来の石高に加えられた加米である。ただし、これは佐賀特有の物成《ものなり》（年貢高）による表示なので、他藩並みの知行高になおすと七十五石となる。切米《きりまい》で貰っているので、知行地はなかった。土地に結びついた物成（年貢）で貰う侍と、土地に結びつかず藩の蔵から貰う切米があった。前者は中世以来の古い形で、侍にとっては土地と結びついた知行取が目指すところである。

神陽は弘道館に学び、その秀才を認められ江戸の昌平黌《しょうへいこう》へ遊学。帰国後、弘道館指南役、同教諭差次、同教諭となり、藩の御什物方、御庭方、御道具方頭人を務めた。また、同志を集めた尊王集団である義祭同盟を主宰した。昌平黌に学んだことから、全国の多くの人たちと交友している。

ただ、神陽は幕末の動乱の幕が上がりつつあった文久二年（一八六二）八月に亡くなってしまったので、その後の幕末史の重要な事件に佐賀藩尊王派を率いて関与するということはなかった。門下の尊王派も領袖を失い、目立った動きを見せなかったが、神陽の思想に強い影響をうけた島義勇、副島種臣、大木喬任、江藤新平、石丸安世、大隈重信などが徳川幕府の倒壊後、維新政府で新日本の土台作りに貢献してゆくのである。

# 第一章　枝吉家に生まれる

## 枝吉家の人々

伝えるところによれば、枝吉家の遠祖は漢の高祖（劉邦）で、後漢の最後の皇帝孝献帝《こうけんてい》の曾孫阿智王《あちおう》が日本にやってきたことに始まるという。南濠や神陽たち枝吉三兄弟の家に対する誇りや漢籍に対する親近感などは、このあたりに淵源するのであろう。大和朝廷は阿智王を用い、以来一族は繁栄してゆく。

神陽は『日本書紀』や『古事記』『古語拾遺』などの史書に記される先祖と、それに連なる自分とがかけ離れたものではなく、古い歴史が血の通った身近なものとして感ぜられるようになったにちがいない。父南濠が亡くなったとき作った「先考南濠先生行述」には、阿智王の子孫は大蔵《おおくら》姓を賜わり、その十三世の大宰《だざい》少弐《しょうに》春実《はるざね》が藤原純友の討伐に功があり、京都から九州筑紫に移り住んだ。それよりさらに九世、大宰少弐種直《たねなお》・大宰大監《だざいだいげん》光種《みつたね》兄弟は、平家が都を追われた寿永の乱に、安徳天皇を奉じて源氏に抗した。天下が源氏に帰すと、職を失い筑後の江上に移り、江上氏を名乗った。鎌倉後期、光種の孫種宗《たねむね》は蒙古が襲来したとき戦

潮音肖像（喜多元規画）／宇治市・緑樹院蔵

潮音木像部分／小城市・星巌寺蔵

功をあげ、神埼の地を恩賞地に賜わり、肥前の人となった。以上が肥前に入るまでの神陽の先祖の概略である。種宗からさらに十数世ほど経て、種守《たねもり》に至って佐嘉郡の枝吉に移り枝吉を称した。これが枝吉姓の始まりである。種守の孫種浄《たねきよ》のとき、惣領江上武種について、龍造寺《りゅうぞうじ》隆信《たかのぶ》の旗下に属し、やがて子孫は鍋島氏の家臣となっていった。

鍋島藩政の初めころ、枝吉家は千代田町崎村に住まいしていた。禄高は神陽から五代遡った忠左衛門《ちゅうざえもん》種政《たねまさ》は年々合力米十五石から出発し、元禄十三年（一七〇〇）に切米四十石・役米二十石、計六十石となっている。種政は文筆に優れていた人物だったようで、のちに三代藩主となる鍋島《なべしま》綱茂《つなしげ》の部屋住み時代から祐筆をつとめていた。綱茂は幕府の儒者林《はやし》鳳岡《ほうこう》とも深く交友した学問好きで、手厚く黄檗禅を保護し、みずから印可も受けた。綱茂は小城出身の黄檗僧潮音《ちょうおん》に深く帰依したが、種政も三十八歳の時、潮音の直弟子の黒瀧山の大通《だいつう》から法を受け、在家の居士となっている。種政は綱茂が藩主になった翌年の元禄九年には御什物役になっている。これは後に神陽が就く役目でもある。綱茂が造営した別邸観頤荘《かんいそう》（西御屋敷）の聖堂（鬼丸聖堂）に、二ノ丸から聖像（孔子像）などを移し入れ、門額などの造建に関わったのも種政であった。御祐筆頭人から最後は御年寄相談役まで上り詰めているから、綱茂の厚い信頼を得ていたのであろう。

佐賀藩の藩制は一般に大きく、外様（一般行政）と御側（藩主家政）に分かれる。外様の財源は物成（年貢）、御側の財源は小物成（林野山海からの収入）であった。外様の行政府である請役所のトップは家老であり、次席が着座クラスの

鍋島綱茂肖像／佐賀市・高伝禅寺蔵

就く相談人、その下に侍クラスから附役が就く。御側のほうは着座クラスが就く御年寄が首席の役職で、次席が御年寄相談役である。綱茂時代にはその中間に御年寄脇という地位があったようであるが、いずれにしろ、種政は枝吉家にとって、かなりのところまで出世して家格を押し上げた人であった。神陽は種政を綱茂の御用人であり、鉄砲物頭であるとしている。また、種政は国学博士を兼ねるが、「国学」とは藩学つまり藩の儒学の意味である。住まいはそれまでは崎村であったが、佐賀城下の片田江通小路に移っている。神陽にも、この高祖父の業績は一つの誇りとして刻まれていたのではなかろうか。枝吉家で学芸に関わった最初の人のようだ。

種政の子文左衛門《ぶんざえもん》種郷《たねさと》は佐賀城下通小路で生まれ、田代小路に移り、また片田江竪小路に移っている。種郷は武芸に秀でており、三十二歳のとき神道流兵法の師家となっている。また馬から矢を射ることについては、「弓馬の達人」と藩主から褒められるほど上手であった。役職では陶器方などを勤めた。特筆されることは、延享元年（一七四四）に龍造寺隆信、その子政家《まさいえ》、孫子高房《たかふさ》の三代を御三霊神として向陽軒（旧好生館跡地）に祭ったとき、時の五代藩主鍋島宗茂《なべしまむねしげ》に命ぜられて御柱立の歌を詠んだことである。和歌にも巧みであったことが分かる。宝暦九年（一七五九）から翌年にかけて、大殿様御武運の祈禱を行っているが、僧侶でもないのに種郷はどのような祈禱をしたのであろうか。副島種臣は自分の曾祖父にあたるこの種郷を「是《これ》は至つて奇人だ。山崎闇斎流の神道家である。武芸の師範役を四つかして居た」（『副島伯経歴偶談』）といっている。種郷は没後

## 枝吉氏系図

枝吉氏系図　大蔵姓

家之紋　撫子花自　朱雀院賜之錦御旗紋也
唐菱自漢朝伝来之紋也
漢高祖二十六世孝霊帝之孫石正王ノ子阿智王十四世
対馬守春実十一世也

秀種　江上孫七入道道□又越前守共
― 氏種　江上右衛門太夫
― 氏清　枝吉藤左衛門尉　枝吉祖
― 種守　枝吉左近
― 種法　枝吉長門守
― 種浄　枝吉主計

種次　枝吉長門守　始三郎右衛門
天正十二甲申三月二十四日於
嶋原戦死　領地百町
元亀三年正月朝日山城主筑紫
越後守貞治乎執行越前守与以
両手攻落是龍君江戦功之初也
其後於所々戦功尽

種光　枝吉平左衛門　始杢之助　又八
大蔵大夫共
文禄二癸□二月十四日終年
三十四ニ而高麗於吉州戦死
此時抽衆軍相戦抜郡□□二人
之内也
妻江上美作守女

某　嶌左馬之允

某　嶋治部太夫為養子

某　枝吉図書　彦左衛門祖

種量　枝吉周防守
三郎右衛門祖

種氏　枝吉平左衛門
寛文十三癸丑三月十六日卒
妻広瀬孫兵衛女

種寿　枝吉久兵衛　於有馬高名
元禄四辛未二月二十七日卒
妻堤孫兵衛女
後妻野辺田孫兵衛女

某　鵜川九兵衛
鵜川長左衛門為養子

種政　枝吉忠左衛門　始十左衛門
元禄十六癸未十二月六日於江府卒
五十二歳
妻山口浄仙女
足軽二十五人組頭

某　枝吉久兵衛　始三左衛門

僧　快恩
伊万里町浄光寺現住

女　江島氏妻

女　相原次左衛門妻

女　蓮池家来　諸田喜兵衛妻

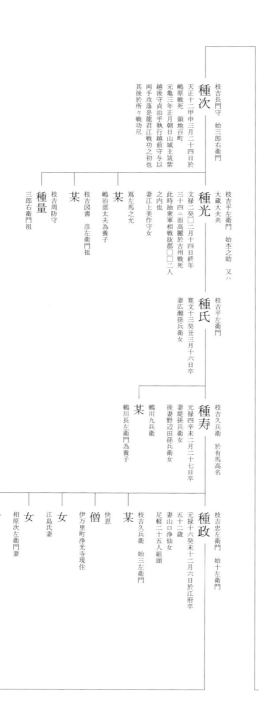

- 種盈　実手明鑓石丸小兵衛弟　忠兵衛　中比平左衛門　始市十郎
  寛保二壬戌六月二十□卒
  妻藤永八郎左衛門女後離別
- 女　短世
- 僧　春応　川副上郷木原村阿弥陀寺現住
- 女　早世
- 女　早世
- 種卿　枝吉文左衛門
  兄枝吉忠兵衛男子無之ニ付而家督相続
- 女

---

- 種卿　枝吉文左衛門　中比忠次兵衛　始孫七
  安永五丙申正月二日卒
  七十三歳
  妻増田藤次左衛門養女
  実綾部惣左衛門女

---

- 女　短世
- 女　有明姑氏
  享保十六辛亥十一月二日生
  文化十年癸酉十一月二日卒
  八十三歳
- 種方　枝吉杢之助　始杢左衛門　晴雲先生
  元文四己未五月二十二日生
  妻嘉村善右衛門秀時女
- 女　早世
- 女　早世
- 女　円城寺権兵衛元矩妻
- 義直　志波右平次
  志波安兵衛門名跡相続

---

- 女　安永八己亥十二月三日生
  中林四郎左衛門妻
- 女　天明元辛丑九月二十一日生
  執行吉十妻
- 女　天明三甲辰七月十九日生
  荒木三蔵妻
- 女　早世
- 種彰　忠左衛門　南濠
  天明七年丁未六月十二日生
  安政六年己未正月四日卒
  七十三歳
  妻木原宣審女
  寛政十年戊午十月二十五日生
  安政四年十一月十九日卒
  六十歳

---

- 女　文政四年辛巳八月十三日卒
  四歳
- 経種　木工助　平左衛門　小字駒一郎　始種彬　号神陽
  文政五年壬午五月二十五日生
  文久二年壬戌八月十四日卒
  四十一歳
  妻木原壮兵衛（英興）女
  文政十二年己丑十二月十九日生
  文久二年戌八月十二日卒
  三十四歳
- 種厚　早世
- 龍種　始文種　小字二郎
  文政十一年戊子九月五日生
  明治三十八年一月三十一日卒
  安政六年未三月副島五左衛門為嗣
- 利種　豊三郎
  天保三年壬辰十一月二十日生
  安政六年未十月四日卒
- 女　萬寿
  諸岡順賢妻
  天保八年丁酉三月十九日生

本系図は『枝吉氏系図・伝兵衛組・枝吉杢之助』（佐賀県立図書館蔵〈坊211〉）をもとに、「枝吉忠左衛門系図」（枝吉家蔵）、枝吉神陽「先考南濠先生行述」などを参照して作成した。

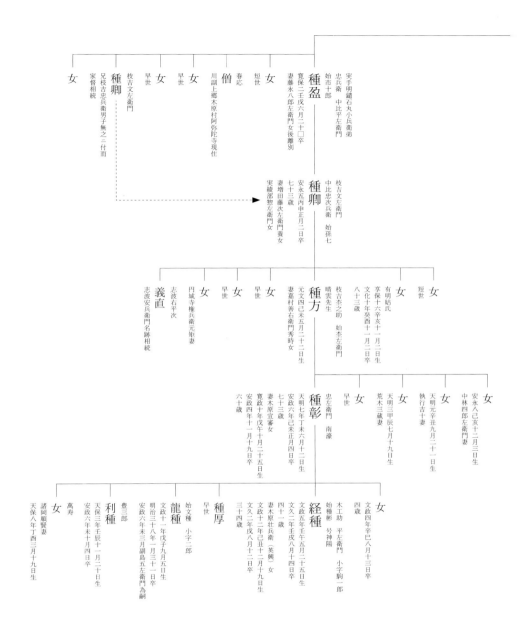

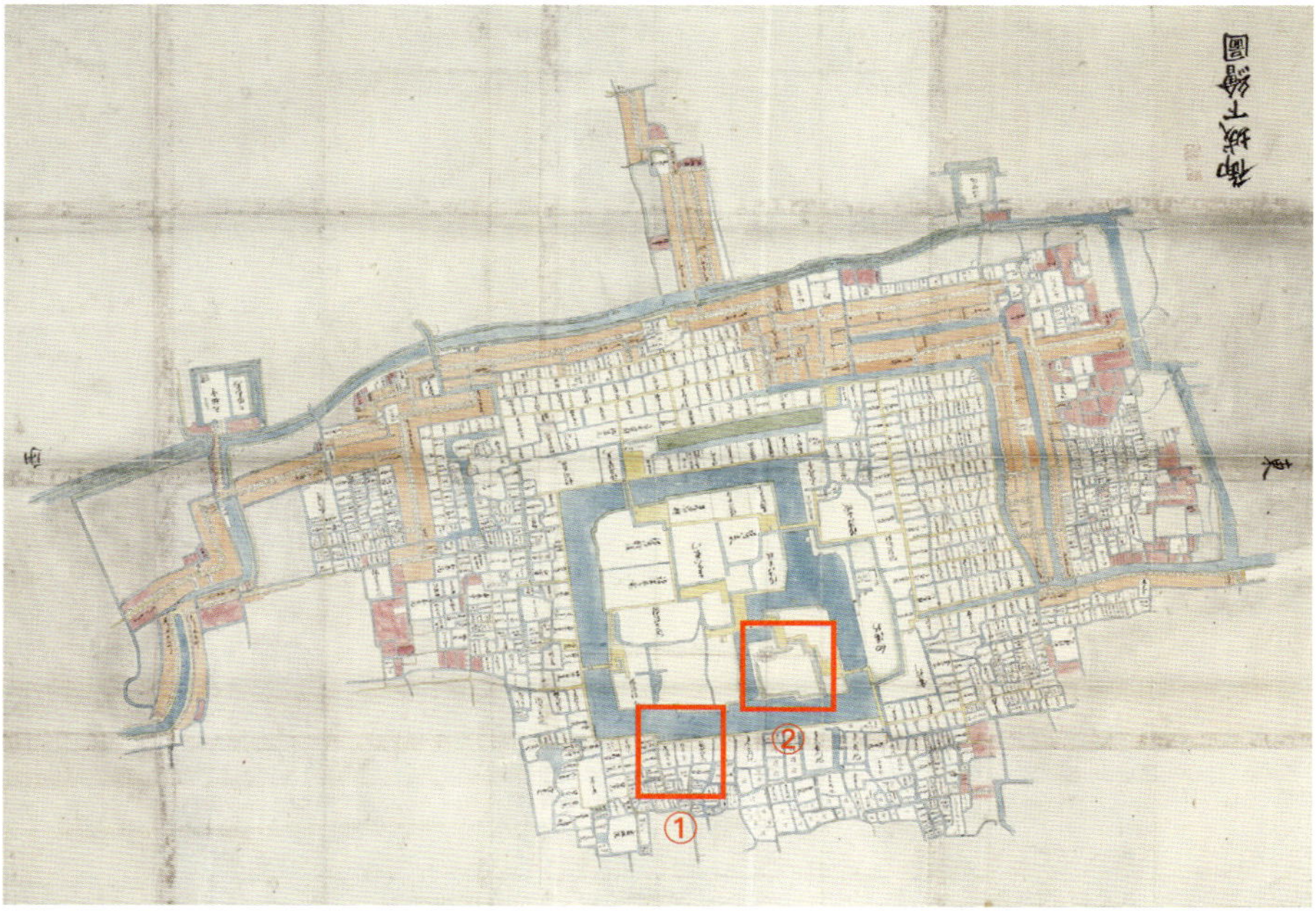


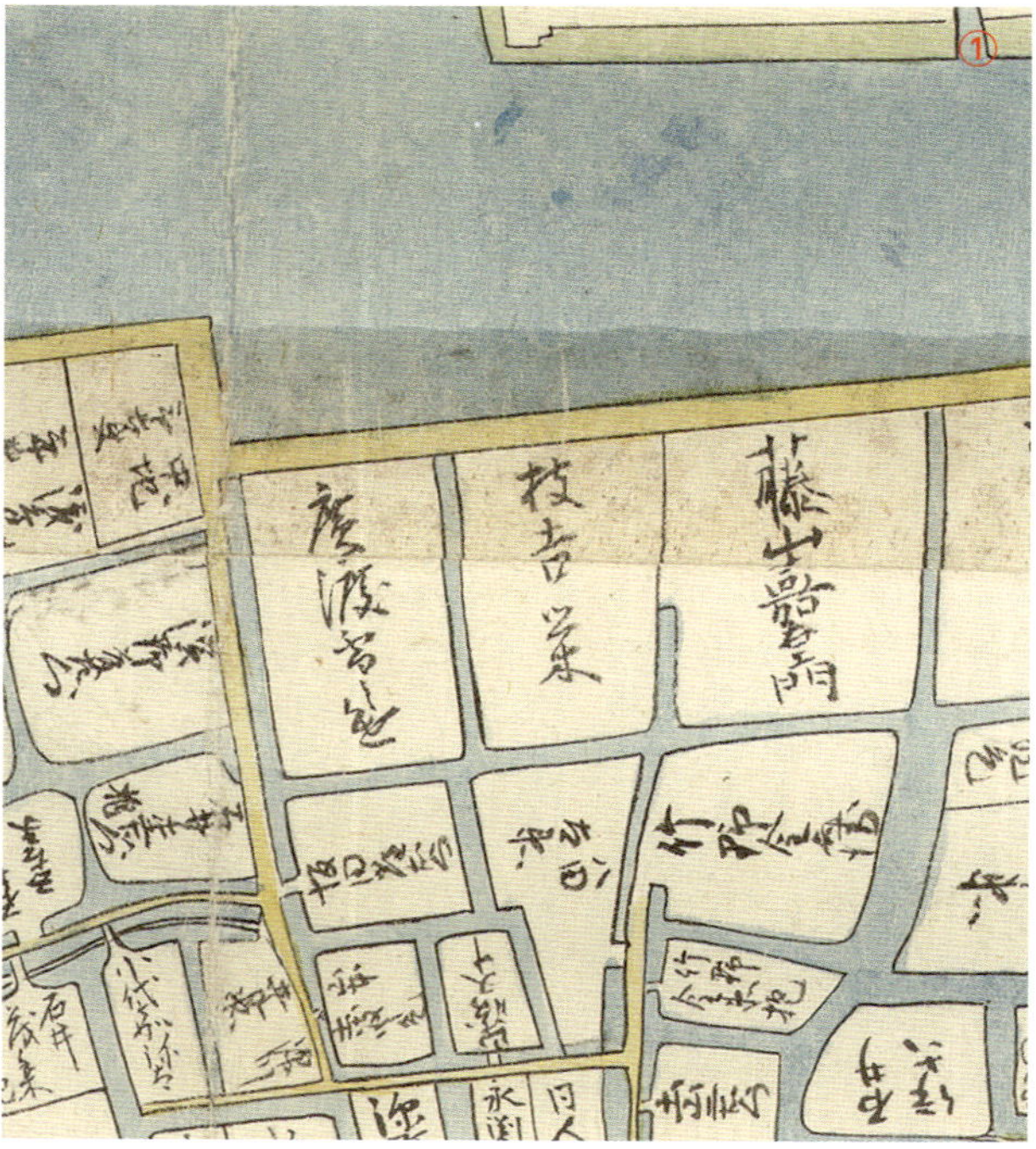


文化御城下絵図（一八一〇年頃）①中央に「枝吉家」の屋敷が表記されている。
「栄」は享和三年から文化六年までの南濠の通称である。文化六年九月二十日から忠左衛門に改めた。②は佐賀城本丸（現在の佐賀城本丸歴史館）。
公益財団法人鍋島報效会蔵

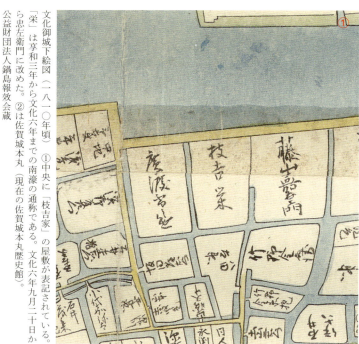

枝吉家墓所（佐賀市・高伝禅寺）左から、南濠夫妻、神陽夫妻、神陽従四位追贈墓碑、利種

十一年にして「聖徳霊神」の神宣を得て祀られているので、神道に関わる人であったことは間違いない。副島がいうように、種郷が山崎闇斎流の神道、つまり世にいう垂加神道の人であったことは知られておらず、その門流が佐賀藩に入っていたことについても現在のところ明らかにされていない。しかし神陽が国典に傾斜していく源流には、この神道家の曾祖父の影響があったのではないだろうか。

種郷の子木工助《もくのすけ》種方《たねかた》は神陽の祖父に当たる人である。伊東院長刀の師家であり、宝蔵院流槍術の師家でもあった。種方のとき、天明五年（一七八五）に片田江から南御堀端に転居した。その子である南濠や、孫の神陽、種臣、利種はここで生まれることになる。種方は五十歳を過ぎても男子に恵まれなかった。そこで天明六年、松田権兵衛の子辰十郎を養子に迎えた。けれども不思議なことに翌年男子がうまれた。種方五十三歳の子である。この子が神陽の父の南濠である。養子は実家に帰っていった。

## 父忠左衛門南濠

神陽の父南濠は天明七年（一七八七）に生まれ、初め駒一郎と称し、文政八年（一八二五）三十九歳のとき、南都宝蔵院流の槍の免許皆伝を得た。佐賀藩には槍術では、この南都宝蔵院流のほかに姉川流・種田流などがあり、姉川流は南都宝蔵院流からの分かれである。南濠の父種方（晴雲先生）も明和六年（一七六九）三十五歳で免許皆伝となっている。『諸芸師家系図』（鍋島文庫）によって、槍術の師家の流れを略記すると次頁上図のようになる。

**南部宝蔵院流槍術略系譜**

『諸芸師家系図』『雨中の伽』などより関係部分を合せて作成

入道道無斎
**渋江小平次公茂**
嬉野住人
紀州若山ニ而宝蔵院　胤栄法師より相伝
寛文六年卒

入道哲心
**深江平右衛門重孝**

入道龍功
**藤井清右衛門治明**
寛文十一年八月皆伝
光茂公御師範
享保六年卒　七十一歳

入道一雄軒
**藤井久兵衛師明**
元禄十五年冬　宝蔵院胤舜法印之門人
森探玄より皆伝　宗茂公御師範
寛延三年卒　八十五歳

（一代略）

**大隈嘉一郎保陣**
天明五年卒

**藤崎五兵衛寛敬**
寛政十一年卒　七十三歳

**枝吉太郎大夫種方**
明和六年皆伝　天明元年、大隈保陣・藤崎寛敬より師家附属
寛政十二年五月卒　六十六歳

ちなみに十代佐賀藩主の鍋島直正《なべしまなおまさ》も宝蔵院流免許皆伝である。免許は免状から印可相伝へと進み、最後に奥義相伝となるが、直正は藩主ながら奥義相伝まで行った槍の達人であった。南濠は幼いとき父種方から槍術をまなび、また種方の弟子藤井諸領公宜にも学び、免許皆伝に至った。藤井を継いだ藪内武郷が老齢になったので南濠にあとを譲ろうとしたが、弘道館の教師としての職務が忙しく、槍術の師範を継ぐことは断わった。

南濠は槍法から気を養ったところが多いと述べている。生命が躍動する気力、いきいきした気力があれば、学問もより進むことができるだろう。南濠は学問と槍術の文字通り文武両道の人であった。

南濠は晩学で、父が十二歳で亡くなったため、学問の基礎は父種方の四歳上の姉であり伯母にあたる瑠和《るわ》に教えてもらった。瑠和は教養ある女性であったらしく、百人一首、庭訓往来から孝経、四子五経（四書五経）までも教えたという。南濠二十七歳のときに、八十三歳の長命で亡くなった。系図によれば嫁には行かなかったようで、少年の南濠の側にいることができたのであろう。その後、南濠は五歳年上の牟田口藤右衛門《むたぐちとうえもん》（字天錫《てんせき》、号筠斎《いんさい》）の奨めで藩校に入った。学問を始めてからの南濠は午前五時に起床、午前一時に就寝、刻苦勉励した。二十二歳で教導役の執法、二十五歳で指南役、三十九歳で教諭となった。指南役になると五石の役料がつき、教諭は六石の役料がついた。弘化三年（一八四六）六十歳のとき、江戸の桜田上屋敷（現在の日比谷公園）内にあった学問所明善堂《めいぜんどう》の心遣を命ぜられ江戸へ赴任し、二年後の嘉永元年に帰国した。神陽によれば、南濠の信

藤井諸領公宜
寛政十二年二月皆伝
文政四年卒　四十三歳

石井七右衛門時義
文化十四年皆伝
天保十三年卒

岩村実常置
文政三年皆伝　天保十三年師範方被仰付
嘉永二年卒

藪内善右衛門武郷
文政三年皆伝　嘉永二年師範方被仰付

枝吉忠左衛門種彰
文政八年皆伝

宝蔵院流鑓術
星野武左衛門親起
享保四年十一月皆伝　享保十三年より師家両道場ニ成　海量院様・光徳院様御師範被仰付

（五代略）

早田衛士喜武
文政十二年師家　同十三年当御代様御手直被仰付
天保二年卒　六十二歳

鍋島直正

永渕七兵衛興明
天保二年師家　同年当御代様御手直被仰付　天保八年卒

奉した学問は朱子学で、常に「至大の道、至正の学は、紫陽《しよう》（朱子）を捨てて復《ま》た在る無し」といっていた。古賀精里《こがせいり》・穀堂《こくどう》父子の朱子学の門流を実直に受け継いだ人であった。

直正の父斉直《なりなお》時代の弘道館は、創立当時の熱気ある盛んな気風を失いつつあった。古賀穀堂は文化三年（一八〇六）三十歳で弘道館教授となった。教授は弘道館に一人で、現在でいえば学長だが、行政分野の同クラスでは着座《ちゃくざ》の地位にあたる。この時代、一般の藩士としては着座（他藩の中老、家老の次席）が登れる最高の地位である。このとき穀堂は『学政管見』を草したが、そのなかで、

泰国公（八代治茂、直正の祖父）が弘道館を創立されたのは、役に立つ人材を養成し、風俗を正しくし、それらを政治の根本とするお考えであった。創立の初めは寄宿生も通学生もおびただしく、決められた日の講釈の出席者は館内に入りきらないほどだったと聞く。（中略）近年は学館に詰める人数も、石高の小さい者、貧しい者、次男三男、陪臣（家来の家来）などわずかになり、外生（通学生）の子どもたちも、成長すると学問を止め、寺子屋同然となっている。残念の至りである。（現代語訳）

と、記している。この文が書かれたとき、南濠は二十歳、弘道館に在籍していた頃であろう。なお、南濠は十歳上の穀堂を終生尊敬しており、穀堂没後も、その墓によく詣でている。神陽も文化・文政の時の弘道館の衰退を「文風は地を払え

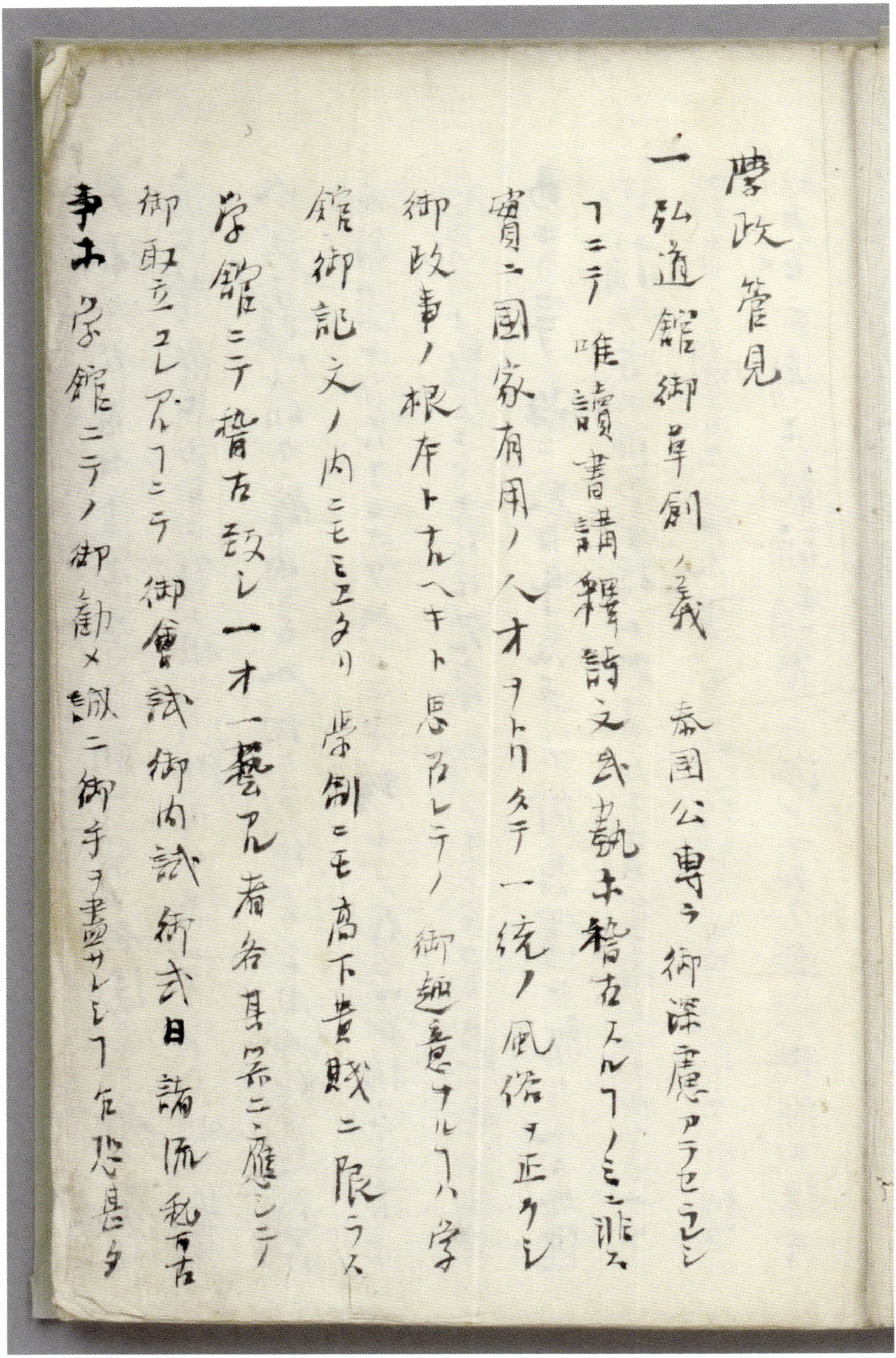
學政管見
一弘道館御草創ノ義　泰国公専ラ御深慮アラセラレシ
ヿニテ唯読書講釈詩文武藝ヲ稽古スルヿノミニ非ス
實ニ国家有用ノ人才ヲトリタテ一統ノ風俗ヲ正クシ
御政事ノ根本トナルヘキト思召レテノ御趣意ナルヿハ学
館御記文ノ内ニモミエタリ　学制ニモ高下貴賤ニ限ラス
学館ニテ稽古致シ一才一藝アル者各其器ニ應シテ
御取立コレアルヿニテ　御會試御内試御式日諸流稽古
事ホ学館ニテノ御勧メ厳ニ御手ヲ盡サレシヿ在恐甚タ

『学政管見』／公益財団法人鍋島報效会蔵

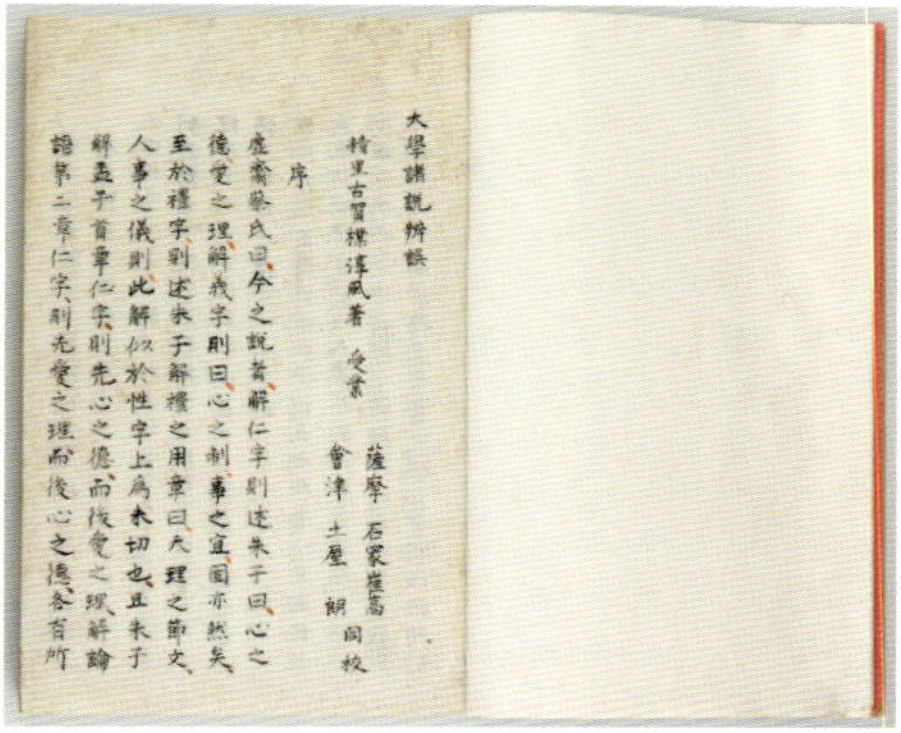
大學諸説辨誤
精里古賀樸淳風著　受業　薩摩　石家崔高
會津　土屋　朗　同校
序
虚斎蔡氏曰今之説者解仁字則述朱子曰心之徳愛之理解義字則曰心之制事之宜固亦然矣至於禮字則述朱子解禮之用章曰天理之節文人事之儀則此解似於性字上爲未切也且朱子解孟子首章仁字則先心之徳而後愛之理解論語第二章仁字則先愛之理而後心之徳各有所

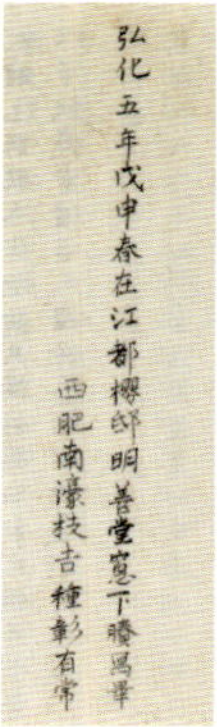
弘化五年戊申春在江都攖邸明善堂窓下謄寫畢
西肥南濠枝吉種彰有常

枝吉南濠筆写「古賀精里著大学諸説辨誤」・同巻末署名

り」と嘆じ、学問や文学の低迷を述べているが、そのような時期に、南濠は弘道館でまじめに精励し、門下を教育していった。また父としての南濠は至って子どもに情愛が厚かった。日記や漢詩からもそのことは十分に窺えるのである。

## 神陽の母

神陽の母は喜勢といい、木原壮兵衛《きはらそうべえ》の娘である。寛政十年（一七九八）十月二十五日の生まれであるから、夫の南濠とは十一歳離れていた。喜勢は『葉隠』にある戦国時代の執行越前守の妻を手本としていた。越前守のために妻が部下たちを親身にかわいがり世話をしたため、越前守が討ち死にしたとき、部下たちは生きて帰っては越前守の妻にあわせる顔がないと、三十六名が勇猛果敢に討ち死にしていく話である。神陽の母もこの心がけで家僕に接していたので、枝吉家で過失を犯し出て行った者も、夫人の死を聞いて泣き崩れ、頭を丸めて冥福を祈ろうとしたという。また、姑に微塵もさからわずに十五年間つとめた。姑は、必ず賢い子どもを産むであろうと人に告げていたという。喜勢の兄弟姉妹は六人、兄が木原英興で、弟は福地家へ養子に行った福地常宣、他に姉が二人、妹が一人いた。四人とも強くて烈女の風があったという。兄の木原英興には弘三郎（義隆）、義四郎（隆忠）、萬五郎（隆武）の三人の男子と、神陽の妻となる女子しづがいた。長姉は田中好古に嫁いだ。次姉は中島定良に嫁ぎ、豊太郎（早逝）、和三郎、彦太郎、小吉郎と二人の女子を産んだ。妹は島有師に嫁ぎ、団右衛門（義勇）、基右衛門（基吉）、謙助（義高）と女子を産んだ。彼らは多く佐賀藩幕末維新に名を残した人たちである。『鍋島直正公伝』では、これら枝吉、島、木原の従兄弟たちを述べて、「枝吉の一門が迭《たがい》に学校に出入して書生の気風を鼓作《こさく》したるは、其効力教員のそれに勝《まさ》るものあり」と評している。もちろん神陽の主宰した義祭同盟にも彼らは多く参加している。

神陽は安政六年（一八五九）一月に亡くなった父南濠の伝記「先考南濠先生行述」とともに、安政四年十一月に亡くなった母喜勢の伝記「先妣《せんぴ》藤原《ふじわら》氏《し》行述《こうじゅつ》」を遺している。

## 弟、二郎と豊三郎

神陽より六歳下の二郎こと副島種臣《そえじまたねおみ》は、三十二歳のときに副島家に養子にゆくまでは枝吉を称した。名は文種《ふみたね》、のち龍種《たつたね》、さらに種臣と改めた。兄神陽に影響を受けること甚だ大きく、「我輩は兄等の教育を受けて居るものであるから、物に依《よつ》て吾が言ふ所は兄の言ふ言葉なりとなる」（『副島先生蒼海閑話』）とまで言っている。また、若いとき種臣は二万巻の書物を記憶していたが、兄神陽は自分よりなお記憶力が強く三万巻の書物を記憶していた。不明の文字の出所を質問すると、神陽はその句は『資治通鑑』の何冊目の何枚目の何行目にあると答えたという（古賀廉造「蒼海先生を憶ふ」）。それくらいであるから「我が兄の記憶に対しては遠く及ぶところではない」（『副島先生蒼海閑話』）と回顧しているわけである。

兄があまりに優秀であると弟は困るものである。種臣の後輩の徳久恒範《とくひさつねのり》の語っ

副島種臣（安政年間）

たところによれば、種臣が弘道館生徒であった十六歳から十八歳くらいのとき、発言を他人に笑われるので、兄弟に比べ自分の学力のなさを嘆いた種臣は、自殺せんとして死にきれず、発奮して刻苦勉励すること数ヶ月、再び衆人を前に口を開くがまたまた笑われる。そこで、再度自殺を企てるも思いとどまり、さらに発奮数ヶ月の勉励を重ね、三たび衆を相手に議論を試みたが冷笑され、まったく意気消沈、三度目の自殺を試みたが死ぬことができなかった。こうして、ぎりぎりの努力と絶望を繰り返しつつ、種臣は一種の神秘的ともいうべき体験を経て卓抜した学識を身に付けていったという。

また徳久は、今までに恐ろしかったという経験はないと話す種臣に、何か一度くらいは恐ろしいことがあったのではないか尋ねた。種臣はしばらく考え、思い出すように言った（「徳久熊本県知事の談話」）。

ほんにさうい へば、只一度、恐ろしかつた事がある。（中略）何でも若い時であつたが、家兄が何事か為さんとして居つた時、余が、「さうなさつたら、人が何とか云ひはしますまいか」、といひたるに、家兄は忽《たちま》ち面相を易《か》へ、席を立て直して、「それはけしからぬ。人が彼れ是れいふに頓着するとは、何事ぞ。貴様は今迄、学問をして居ながら、其様《そのよう》な不見識では、学問は何の為になるか。早速止めてしまへ」と酷《ひど》く叱られた時ばかりは、ほんに恐ろしかつた。是ればかりは、今に至りても忘れぬ、……

荻生徂徠門弟図（本間探兆画・佐藤一斎賛）／同右

荻生徂徠肖像（望旭楼主人画）／玉川大学教育博物館蔵

長尾遁翁墓（佐賀市鍋島）中央奥、墓石に「文定先生之墓」と刻されている

神陽は種臣の心の先生であった。神陽にとって学問は生きたものでなければならず、自己の人生のあり方と離れてあるものではなかった。

豊三郎はのち利種、神陽より十歳下の弟である。神陽より三年早く二十八歳で没した。すこぶる学識に秀でていたことは諸人の語るところであり、また、親孝行でも知られていた。もちろん義祭同盟にも参加していた。早世が惜しまれる人物である。

## 枝吉家の学風、日本一君論

「日本一君論」とは神陽の尊王論の核となるもので、日本には「君」と称すべき立場の者は天皇のみである。ゆえに藩士は、藩主とは主従の関係にあるが君臣の関係になく、君臣の関係は天皇との間にのみ成り立つ、という論である。これは南濠から、そのまま神陽に引き継がれたものである。

神陽に学んだ久米邦武たちには、神陽の日本一君論は枝吉家の「一箇の学風」で、父南濠に始まるものと思われていた。この思想の形成にあたっては、祖父種郷に及ぼした山崎闇斎流の神道の影響もあったと思われるが、佐賀には長尾遁翁《ながおとんおう》のような南濠の思想の先駆者もあった。もともと佐賀の儒学は、荻生徂徠の友人であった黄檗僧の大潮《だいちょう》が種を蒔いたものである。江戸後期の日田の名儒広瀬淡窓《ひろせたんそう》は大潮を評して、江戸期の九州儒学の源流と位置付けている。大潮は伊万里出身で、蓮池の龍津寺の住持を勤め、晩年は佐賀城下郊外の多布施の長淵寺に住した。その高名は全国にとどろき、著書もいくつも遺した人である。有名な売茶翁《ばいさおう》（僧名、月海《げっかい》）は、化霖《けりん》を師とする兄弟子にあたる。この大潮の影響で徂徠学が佐賀藩に広がった。

荻生徂徠は儒学の経典を朱子などの解釈によらず直接研究しようとした学者で、その学統は古文辞学派とも称される。徂徠は徳川将軍の権威がもっとも輝いていた時代に現われた人であった。その著『政談』の中で徂徠は、将軍と藩主が天皇のもとでは同格という見方がありえることを危惧しているが、幕末はまさに徂徠の予見どおり将軍の権威が衰え、諸大名は幕府に従わなくなっていった。佐賀藩第二代藩主鍋島光茂《なべしまみつしげ》は、朝廷において久しくうち絶えていた大嘗会《だいじょうえ》の再興に尽力した。まだ、朝廷を尊崇することが幕府を軽んずることにはならない時代であったが、朝廷への尊崇は大名の間には脈々と流れており、和歌に傾倒し古今伝授に執心した光茂は、とりわけこの気持ちが厚かったのであろう。

大潮と同じく徂徠学を奉じた佐賀藩の儒者長尾遁翁は、徂徠の門下服部南郭《はっとりなんかく》に学んだ人であったが、徂徠の日本国のとらえかたを暗に批判した。

日下平安周鎬京　日下《にっか》の平安、周の鎬京《こうけい》
是昔大盗借神兵　是《こ》れ昔、大盗《だいとう》、神兵《しんぺい》を借る
先生休説東西帝　先生、説《と》くを休《や》めよ、東も西も帝なると
魯仲連存踏海情　魯仲連《ろちゅうれん》、踏海《とうかい》の情を存す

――日本の平安の都は中国の周の時代の都の鎬京に比べられよう。周の昔、大盗賊のような者が天子の兵隊を称した。徂徠先生、東の将軍も西の天皇も

同じ帝であるなどと説くのはやめてください。趙国にあった魯仲連（戦国時代の斉の雄弁家）は、非礼な秦王が帝を称するようなことになるのなら、東海に身を沈めて死ぬまでのことであると言ったではありませんか……。

『鍋島直正公伝』は、「初め長尾遁翁の、幕府の態度を大盗借神兵と喝破して、日本一君の論を唱へてより、枝吉神陽其義を発展し」たとしている。日本一君論は長尾家に始まり、枝吉家で発展したものといえよう。

遁翁は七代藩主鍋島重茂に仕えたが、重茂が三十七歳で没したため、頭を丸めて出家した。遁翁はそれからの名乗りである。その際、同じく徂徠学の佐賀藩の儒者横尾《よこお》紫洋《しよう》が遁翁に「侯国の儒衣、君独《ひと》り尊し」に始まる七言絶句を贈っているが、古賀精里などが出て弘道館を創設する前の時期には、遁翁は佐賀藩儒学の分野で群に秀でた人物であったのだろう。横尾紫洋は佐賀藩尊王史に先駆者として特筆大書される人で、京都に出て九条家や一条家に仕え、当時の皇室衰微をなげき激しく憤っていたが、幕府役人の目をつけるところとなり、佐賀へ返され、切腹させられた人物である。

神陽は父を引き継いで、さらに日本一君論を高唱した。平戸藩の儒者楠本《くすもと》碩水《せきすい》は青年時代、佐賀城下で神陽に出会ったことのある人物である。明治になって神陽の遺稿が編纂されたときその序文を書いたが、神陽について次のようなことを記している。

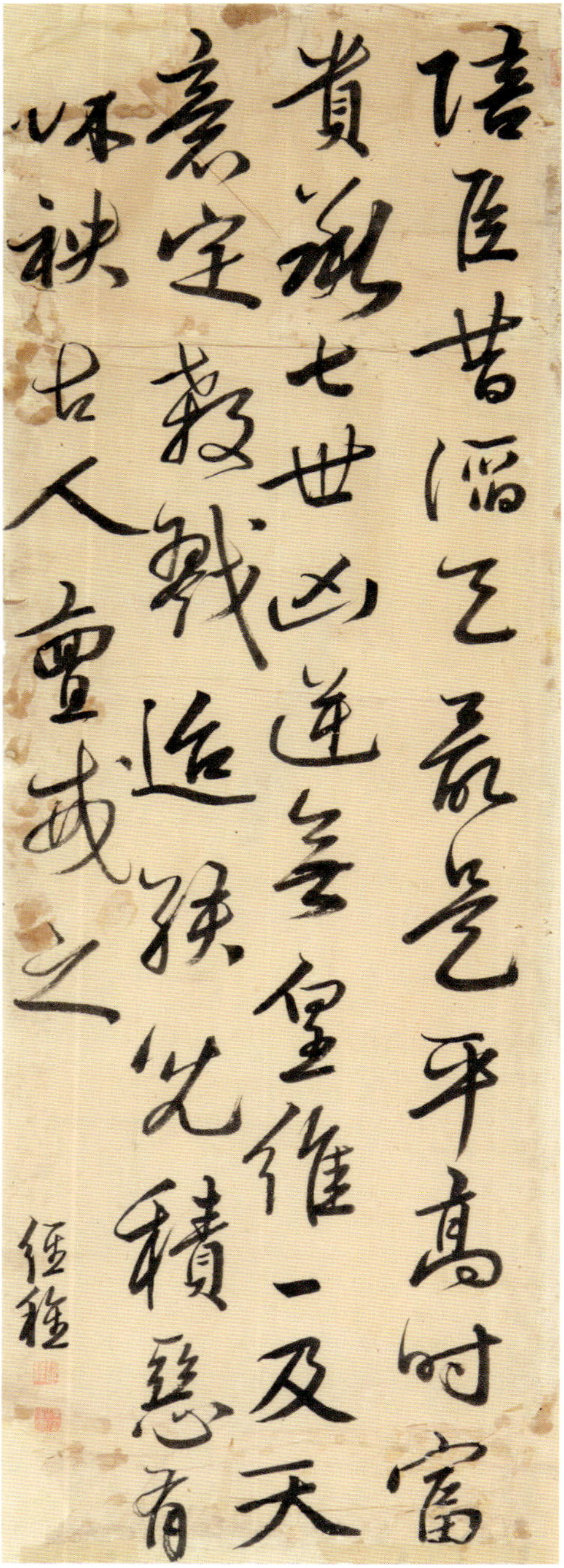

枝吉神陽書五言律詩　陪臣昔滔天。最是平高時。富貴承七世。凶逆無皇維。一及天意定。殺戮迨族児。積悪有餘殃。古人亶戒之。経種。

嘗《かつ》て憤然として曰く、天下なるものは皇祖相伝の天下にして幕府の天下に非ざるなり。所謂《いわゆる》藩侯なるものは則《すなわ》ち幕府の僕隷《ぼくれい》にして、士大夫は則ちその台《やしない》に与《あずか》るのみ。故に其藩家に於ては、未《いま》だ嘗《かつ》て君臣を以《もっ》て称せざるなり。嗚呼《ああ》、是《この》時《とき》に当たりて、此の義を知る者は幾人有りや。

いうまでもなく当時、藩主という存在は絶大ともいうべき権威をもっていた。

藩政時代に、君臣関係は藩主と藩士の間ではなりたたないというような言動は、学問上の理論としてであっても唱えるのに憚りがあった。まして公言することは勇気のいることであった。そんな時代に、本来の君臣の何たるかを堂々と主張する神陽に若き碩水は驚いたのである。しかし幸いなことに、直正はきわめて藩士に寛大で、法に触れない分には、藩士の言動をきびしく制御はしなかった。副島種臣もこのことについて、「枝吉名分論を主張して君臣大義を辨じ、以てどのようなことを論じられても……、今の暴論と謂《い》はゞ謂はるゝ程の激切なる言をも言ふたけれども、閑叟公は決して之《これ》を罰せなかつた」（『副島伯経歴偶談』）といっている。他藩であれば、当然譴責されたであろう言動も、許容黙認されていた。種臣はこれを「閑叟が仁者である」ため、また「料見もあられたる人なるが故」と語っている。

神陽は家督を継いで以降、佐賀にいる時は毎月一日と十五日に裃《かみしも》を着てお城に御目見えに行っていた。そして、四、五百名の侍が名を呼ばれる間、畳に頭が擦りつくように下げて、「枝吉平左衛門」と呼ばれたら、そのときは「ははっ」と大きな声で返事をしたことであろう。神陽が一君論を述べた時期は、このような行事が常識の時代であったから、神陽の考えは、藩の多くの侍の理解を得るところではなかった。

龍造寺八幡宮（佐賀市）

# 第二章　神陽成長の背景

## 少年神陽

神陽は初め父南濠から儒学の教えを受けた。記憶力抜群で、一たび目に触れたものはいつまでも憶えていた。はじめは父南濠と同じく武道を志したが、不幸にして何かの病に罹り断念せざるをえず、志を学問に転じた。弘道館時代は記録がないので語れないが、通学する外生寮から、十五、六歳になると寄宿舎である内生寮に進んだものであろう。弘道館が三倍ちかくに拡張され、現在記念碑が建っている徴古館内に移転したのは天保十一年（一八四〇）神陽十九歳のときであるので、神陽の生徒時代は松原川より南にあった旧弘道館の時期であった。神陽は、天保五年に初御目見、同七年に十五歳で元服しているので、順当に嫡子としての道を歩んでいたといえる。

神陽の母方の叔父に福地常宣《ふくちつねのぶ》がいた。木原家から福地家に養子にいった人物で、藩の長崎御仕組方御備立役などを勤めている。福地が記したもののなかに、天保九年閏四月、藩命で江戸に行くことになっていた福地は十一日の明け方に夢を見

永山二水書
『佐賀先哲遺墨集』肥前古書刊行会

た。経種（神陽）と龍造寺八幡宮に詣でて和歌を作る夢である。目が覚めてみると、まさに経種が来て部屋に座っていた。おりしも鳩が鳴いて、屋根の上から東の方へ飛び立っていった。龍造寺八幡宮は古くから祭られている佐賀城下の産土神《うぶすながみ》である。福地はこの夢がとても印象深かったのであろう、のち嘉永六年（一八五三）このことを文に書き留めた一幅を作った。福地の記文を神陽が清書、さらに藩主直正の側近で絵筆にも優れていた古川松根が龍造寺八幡宮の彩色画を描いて加えた。龍造寺八幡宮の御神威・御神徳というものを藩士は感じていたものであろう。そしてのち、神陽は楠公祭をこの境内に移して行うことになる。

## 神陽と諸先輩

若き日の神陽は、どのような先輩を仰ぎ見ながら、青春時代を送っていたのだろうか。天保十三年（一八四二）、神陽二十一歳のとき、日田の広瀬淡窓が大村藩に招かれて向かう途中に佐賀城下を訪れた。このとき六十一歳の淡窓は儒学者としても教育者としても全国に名声は知れわたり、その学塾咸宜園《かんぎえん》には各地から書生が集まっていた。二十年来、手紙のやり取りをしていた草場佩川《くさばはいせん》が、自宅に淡窓とその供の三人を招き歓待した。佩川の家は官舎であったのでみだりに旅人を招くことはできなかったが、前もって許可を取っていた。旅籠や弘道館などで会うより、よほど親愛の気持を表したかったのであろう。佩川はここに次男の大次郎とともに、弘道館で教えていた永山二水《ながやまにすい》、福島金岡《ふくしまきんこう》、田中太郎左衛門《たなかたろうざえもん》、石橋《いしばし》六郎《ろくろう》、大塚朝次郎《おおつかあさじろう》、張常一郎《ちょうつねいちろう》、武富圯南《たけどみいなん》、鶴田平治《つるだへいじ》にあわせ枝吉神陽を呼んだ。

藤田東湖肖像／茨城県立歴史館蔵

鍋島直正／公益財団法人鍋島報效会蔵

淡窓は、みながぜひ会いたいと思っていた人物であったろう。佩川の家の座敷では、この二十人ばかりで酒盃のやり取りが盛んに行われた。淡窓は「諸子皆予に盃す。往復頗《すこぶ》る繁し」と書き残している（『進修録』巻四上）。

この会合に招かれた人物のうち永山二水について述べておきたい。若き日の神陽がもっとも先輩として影響を受けた人物こそ永山ではなかったかと思われるからである。副島種臣も「私が兄は永山から聊《いささ》か益を受けて居つた……」と回想している。神陽が弘道館に学んだ時は、二水を教師として仰いだ。また父南濠の同僚でもあった。

身体が大きく、力も強く、剣術の達人で、陽明学を奉じているというのが、永山の人物から浮かぶイメージである。永山は神陽より二十歳年長である。弘道館に学び、二十二歳のとき肥後に遊学、五年ほど辛島塩井《からしまえんせい》の塾に学んだ。佐賀に帰り弘道館の指南となり、鍋島直正が藩主になると教諭になり、直正の奥小姓を兼務した。はじめ朱子学を学んだが、のちに陽明学を修めた。学問を政治の世界で実践した陽明学の熊沢蕃山《くまざわばんざん》を手本としていた。江戸ではとくに佐藤《さとう》一斎《いっさい》と藤《ふじ》田《た》東《とう》湖《こ》と交わった。一斎は弟子の熊本藩儒木下犀譚《きのしたさいたん》に「永山晋（二水）は本当の意味でよく学んだ者である」といい、佐賀藩の政治は必ず成果をあげるだろうといったという（『佐賀先哲叢話』）。

藤田東湖は二水より四歳年下である。その『見聞偶筆』に「佐藩の永山十兵衛貞武と云ふ者は我が親友なるが……」として、永山二水が関わった関札事件のことを語っている。これは天保七年（一八三六）春の事件で、二水三十五歳、藩主

永山二水夫妻の墓（佐賀市・実相院）・同墓碑銘部分（佐藤一斎撰文・古川松根書）

直正は二十三歳の青年のときである。直正が佐賀へ帰国の途上、一橋家が川崎大師の大師河原に遠馬するため、川崎宿の旅籠に掲げた「松平肥前守」の木札（関札）を同家の供侍が取り払えと宿の亭主に命じ、あげくに木札を倒し、肥前守の名前を土足で踏みつけた。これを聞いた直正は激怒し、永山二水に対処を委ねた。一橋家は時の将軍徳川家斉の実家であり、当主一橋斉敦《ひとつばしなりあつ》は家斉の弟であった。絶大な将軍の権威を笠にきた江戸市中での傍若無人の振る舞いは、庶民のみならず大名をも悩ませていた。

藤田東湖は、別れを惜しんで佐賀へ帰っていったと思っていた永山二水が四、五日を経てまた戻ってきたことに驚いた。「あやしき事と思ひ、事の由を問ひければ、一橋と掛合《かけあい》（談判）の事にて、途中より命ぜられ引返したりとて、詳《つまびらか》に曲折をのべ、懐中より一詩を出して余に示す」として、二水の決意の詩も書き記している。東湖は二水の気持ちに強く打たれ、「其志を感じける故、共に力を添へて議しけり」と書いているので、この事件について意見を交換し、話し合ったのであろう。東湖もこのとき三十一歳で若かった。事件は直正の妻で将軍家斉の娘である盛姫の働きもあり、結局、佐賀藩の主張が認められ、関札を踏みつけた者は、江戸鈴ヶ森で獄門となった。

神陽はこの天保七年に十五歳で元服している。川崎関札事件は、佐賀にも大きく伝わった。曖昧な解決を断固拒否し、死を決して事に処した二水はじめ、佐賀藩邸の侍たちの行動は、神陽に影響を与えないということはなかったはずである。『鍋島直正公伝』は「徳川家の衰へは鍋島が関札侮辱を執《とら》へて幕府を踏み付けたるより起ると謂ふ者もありたりとぞ」とも書いているが、幕府の権威に楯突くことは、何よりまず藩にとって危険であり重大な出来事であった。

永山二水は残念なことに弘化二年（一八四五）七月、四十四歳で没した。神陽は江戸遊学中であった。神陽の父南濠も二水を思い詩を作り、二水の才学文章が豪気であること、直正の厚い信頼は他に比べる人がいないこと、何年も心からなる忠義を尽くしてもっとも苦労が多かったことなどを詠んでいる。二水を「股肱の臣」と頼んだ鍋島直正の嘆きはさらに深かった。実の兄弟のように親しくしていた八歳年少の隣藩の久留米藩主有馬《ありま》頼永《よりとう》に、その心情を書き送った。

さて、これから申し上げますことは、僕随一の家来永山十兵衛（二水）のことです。ご存じのとおり大病のところ、ついに養生が叶わず、先月晦日、物故いたしました。僕において、実に悲嘆残念申し尽くしがたく涙はとめどもなく流れ、誠に途方に暮れております。ご推察ください。このようなことを申し上げましてもどうかとは思いましたが、僕の功業も前に比べれば進歩しないと思います。（中略）一つ事業をするにあたりその一つを任せることができる才能と力のある家臣は随分とおりますが、徳夫（二水）のような者はおりません。実に得難き人物で、まことに悲嘆は今深まるばかりです。このごろ、僕は悲しみのあまり皮と骨ばかりに痩せました。こんなことを申し上げてどうかとも思いましたが、とても懇意にしていただいているので、ちょっと申し上げました。僕の心中をお察しください。（中略）徳夫々々、ああ悲しいかな。申し上げたい心のうちもありますが、涙がぽたぽたとくだり、筆を進めることができません。……

（『鍋島閑叟』所引「鍋島直正書簡」〈現代語訳〉）

永山二水の死に対する深い悲しみと哀惜を感じることができる。もし、直正の絶大な信頼を得ていた二水がさらに生きていたならば、幕末の佐賀藩にどのような変化があったであろうか。枝吉神陽はついに藩の重要な要職には用いられなかったが、あるいはそのあたりにかなり影響を与えたかもしれない。

## 弘道館で学んだころの友人

神陽は漢詩の詞書のなかで、自分には四人の友がいる。田中虎六郎、加々良源《かからげん》吾《ご》、中牟田倉之助《なかむたくらのすけ》、島団右衛門（義勇）である。みな時代に抜きんでた人物であり、その才能と徳行は自分より優れているので、自分は好んで彼らを友としていると言っている（「懐友人詩」）。彼らは、幼いころから親しんでいる従弟の島以外は、弘道館時代に知り合い肝胆相照らし友となった人物であろう。このうち、中牟田倉之助と加々良源吾は伊勢の津藩の大儒斎藤拙堂《さいとうせつどう》のもとに遊学している。江戸後期の津藩の学業の水準の高さは全国に知れわたっていた。その藩校有造館で指導していた人物が斎藤拙堂である。拙堂の「送肥前諸生游学江戸序」によれば、肥前侯の鍋島直正は賢明で、人材を四方に学ばせること数十人をくだらない、将来になすべき目標があるのであろう、という意味のことを記している。拙堂は江戸昌平黌で古賀精里を師とした人物なので、佐賀の人脈と無縁の人ではなかっ

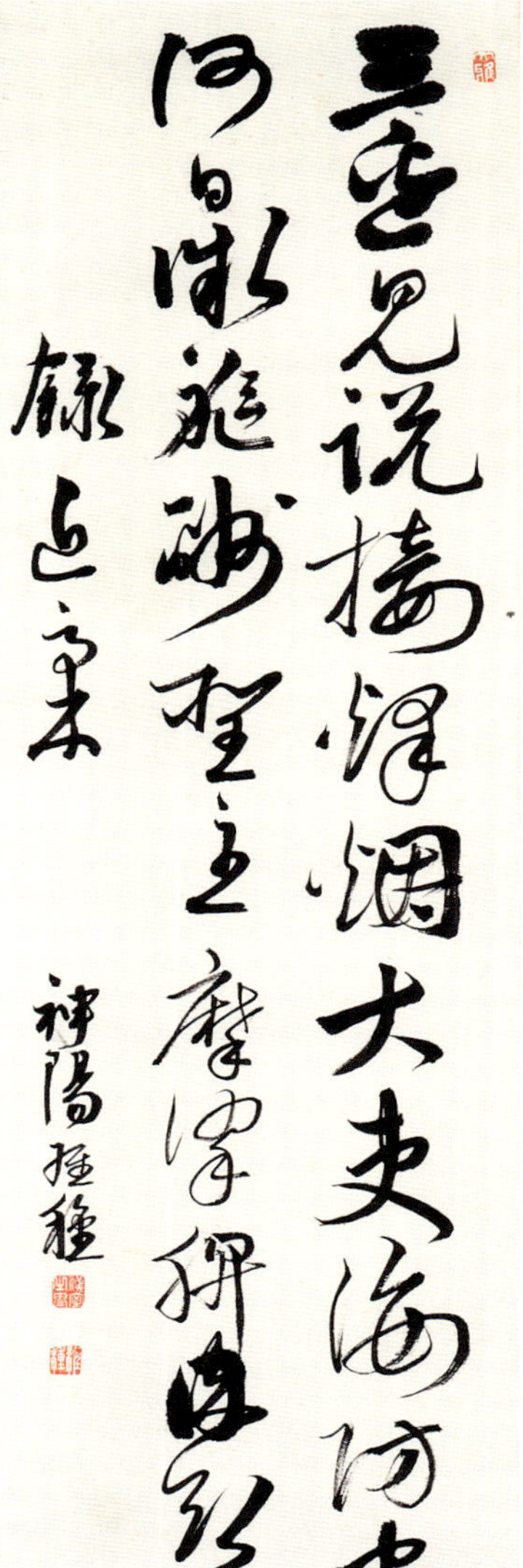

枝吉神陽書「録近稿」　三辺見説接烽烟。大吏海防空緩延。何日微軀酬聖主。摩挲髀肉取借然。録近稿。神陽経種。／佐賀県立博物館蔵

たことも中牟田たちが学ぶ動機となったのかもしれない。中牟田は二十九歳の若さで没し、加々良も病のため早世したのであろうか、この後の佐賀の幕末史にあらわれない。

田中虎六郎は神陽や島義勇より七歳年長の先輩である。田中は佐賀藩でも西洋の学問に通じた先駆的人物であった。佐賀藩の尊王派は蘭学・英学など西洋学に通じた人物が多い。神陽の尊王思想は、単に攘夷と結びつけることなく、むしろ西洋学を抱擁するものとなっていったが、これは、若い頃の田中などとの交友と無関係ではなかろう。田中の西洋学への理解と才能は、その後、嘉永年間の反射

炉による鉄製大砲鋳造のプロジェクトに用いられることになる。鉄製大砲ひとつ造れないようでは攘夷を叫んでもまったくの空論、現実には役にたたないことは、佐賀の尊王派にはよく認識されていたのである。

島義勇は、友人である前に同年の従弟で、神陽が五月、義勇が四ヶ月遅れの九月の生まれである。副島種臣は、「同年の島は従兄弟ながら、一歩づゝ何時も兄に譲つて居られた」といい、『鍋島直正公伝』は「彼は軀幹長大、従兄枝吉神陽と同じく魁岸《かいがん》（容貌が立派で際立っている）豪宕《ごうとう》（小さいことを気にかけない）にして、唯学力は神陽に及ばざれども、健歩は相匹する壮丈夫たり」といっている。副島によれば、義勇は陽明学に傾倒していた。安政元年（一八五四）末、島義勇は江戸からの帰国途上、京都に寄り、陽明学で有名であった春日潜庵《かすがせんあん》を訪ねている。それは冬の十二月十六日の夜のことで、大風雪の日で、道を行く人も絶えてなかった。義勇は風雪を物ともせず、十数匹のフナを竹の葉に包んで挨拶に訪れた。この熱心さは潜庵の心を打った。「国華（義勇）は魁然《かいぜん》たる偉男子、その談論は縦横なり、すなわち観るもの聳動《しょうどう》す（義勇はすぐれた立派な男である。その話すところは自由自在留まるところがない。であるから会うものは驚くのだ）。」（『春日潜庵伝』）。義勇は安政三年（一八五六）秋、直正の命をうけ、蝦夷地と樺太の調査に出発し、翌年末江戸へ帰着した。その調査の行きがけにも京都に立ち寄り潜庵と談合、また帰りにも立ち寄り、樺太の話などを伝えている。

# 第三章　遊学と交流

## 第一回江戸昌平黌遊学時代

天保十五年（一八四四）四月、二十三歳の枝吉神陽は江戸遊学を命ぜられ、七月に江戸到着、九月に昌平黌に入った。昌平黌では古賀精里の三男で教授であった古賀侗庵《こがとうあん》に学んだ。森銑三氏によれば、昌平黌には幕臣たちの寄宿寮と諸藩の青年たちの書生寮があった。書生寮は南北二寮、四十余名の寮生が入っていたという。北寮には、食堂や風呂などがあった。二つの寮は廊下で繋がっていた。書生寮は自治であり、学業に優れ人望もある人物が舎長に選ばれ、寮中のことを掌った。その下に舎長助が二人いた。舎長は五人扶持、舎長助は三人扶持が与えられた。寮内は八畳に三人と六畳に二人で部屋割りされていたが、舎長は北寮の第一室の六畳を占有した（「松本奎堂」）。神陽も舎長になったときも五人扶持を給与された。一般に五人扶持は一年で九石である。

さらに、神陽と同時期に書生寮にいた会津の南摩羽峰《なんまうほう》は大意次のように語っている（『名家長寿実歴談』）。学生は自分で起止簿という日々の勉強記録を付けねばならなかった。これは毎月一回、儒官や役人によって確認されたが、学生たちは間際になって良い加減に書きつけるありさまであった。学生は出身藩では少なくとも五本の指に数えられる者たちであったから、世間の学者と同等と自負していた。学生同士の研究は盛んで、朝飯前、朝飯後、昼飯後、晩飯後の四回、必ず議論をした。これが「非常に銘々の学問の上に力を増し益を加えた」。とりわけ、経書会の時などは議論百出、喧嘩の始まることもあったが、各自が自説の是非を納得すると、がらりと変わって打ち解けた。書生寮の学生は「独立的に学問した」と言っている。また「当時の昌平黌学生の風として銘々自説を立て丶之を同学の間にて討論研究すると云ふことに重きを置き」と言っているが、神陽が諸友人に畏敬されたというのは、このような学生間の討論の中で現われてきたことであろう。

　神陽が昌平黌を退寮してからのち、嘉永五年に入寮し、のち舎長ともなる仙台藩の岡鹿門《おかろくもん》は「枝吉ハ学問アリ、気節ノ士ナリ。水戸学ヲ信ズ。書生寮ニテ令義解、職原抄等ノ書ヲ構《こう》ズルハ此人《このひと》ニ始マル」（『在臆話記』第一集巻二）と言っている。これは書生間で考究討論する書目に、神陽が国典を用いるようにしたことが伝わっていたのであろう。書生間に神陽の人望と学識を認めるところがなくてはできないことであった。ただ、神陽は全面的には水戸学に賛成していたわけではなく、その根本となる水戸藩の『大日本史』が、「将軍家臣伝」をおくことに対し、国体を失うことになると批判していた（『久米博士九十年回顧録』）。日本には天皇ただ一君があるのみで将軍が君であるかのように述べることはできない

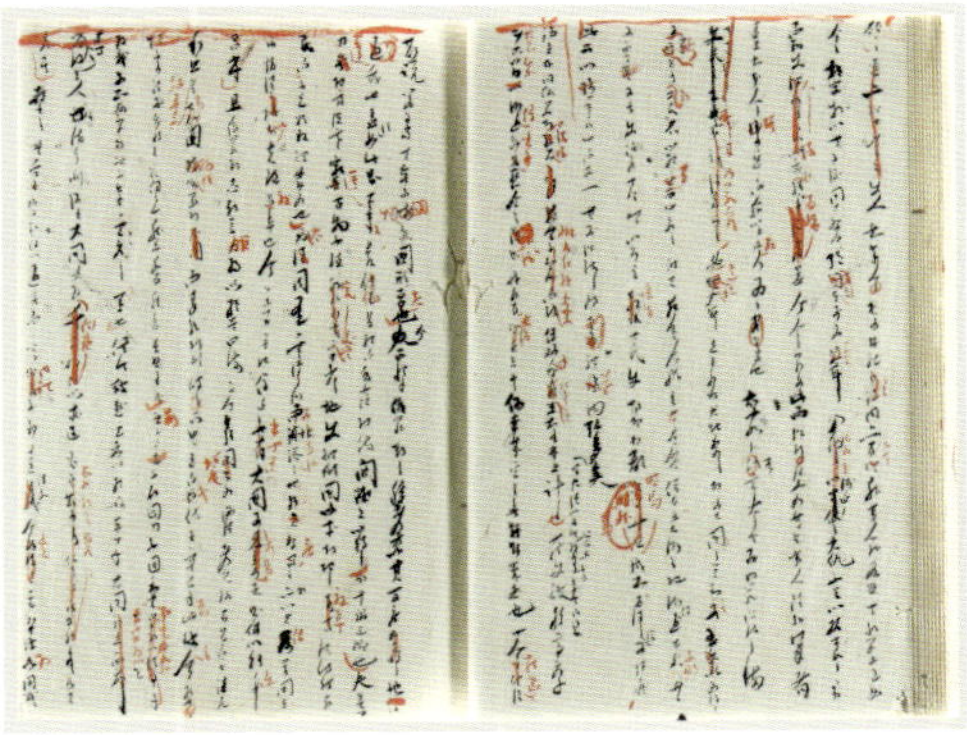

古賀侗庵『海防臆測』（自筆本）
長崎大学附属図書館経済学部分館蔵

からである。

神陽が師事した古賀侗庵は、儒学はもとより西洋事情にも通じた当代第一級の知識人であった。その著『海防臆測』には、はやくも「銃砲を製造し、火術を研究し、大艦を製造し、航海術を練習し寛永以前の古に帰つて、天竺・暹羅・安南等の地方に赴き、盛に彼の国人と互市をして富国の道を図らねばならぬ……」（同前）と主張して、すでに維新の開明の水準に達していた。これらの主張は公にはできない時代情況であったが、侗庵周辺では折々に門下の書生との話頭にものぼり、影響を与えていたのではないかと思われる。のちに神陽が「船考」に著わした考えにも影響を与えたと見ることもできる。また一方、侗庵は江戸の爛熟した化政文化の時代を生きた人でもあり、漢詩や風俗にも深い造詣を持った幅の広い教養人であった。神陽が侗庵に師事して受けた影響は小さくないはずである。

弘化三年（一八四六）、神陽は二度目の正月を昌平黌書生寮で迎えた。正月十五日、本郷あたりからの出火で南北書生寮が焼失した。神陽は佐賀藩の江戸中屋敷である溜池屋敷内に設けられた学問所明善堂に移った。明善堂はこれより二十数年前、鍋島直正の御側頭古賀穀堂の建議で設けられたもので、武道場、講堂、寄宿舎などがあった。

この火事を奇貨として、神陽は友人たちと東北への旅を思い立った。天保十一年（一八四〇）に東北諸藩を見分して廻った永山二水の影響もあったろうか。まず神陽は、佐賀藩の儒学者で江戸屋敷にいた吉村幹斎《よしむらかんさい》を尋ねた。幹斎は父南濠の若いときからの友人で、ともに弘道館で教鞭をとっていた仲である。ずっと以前

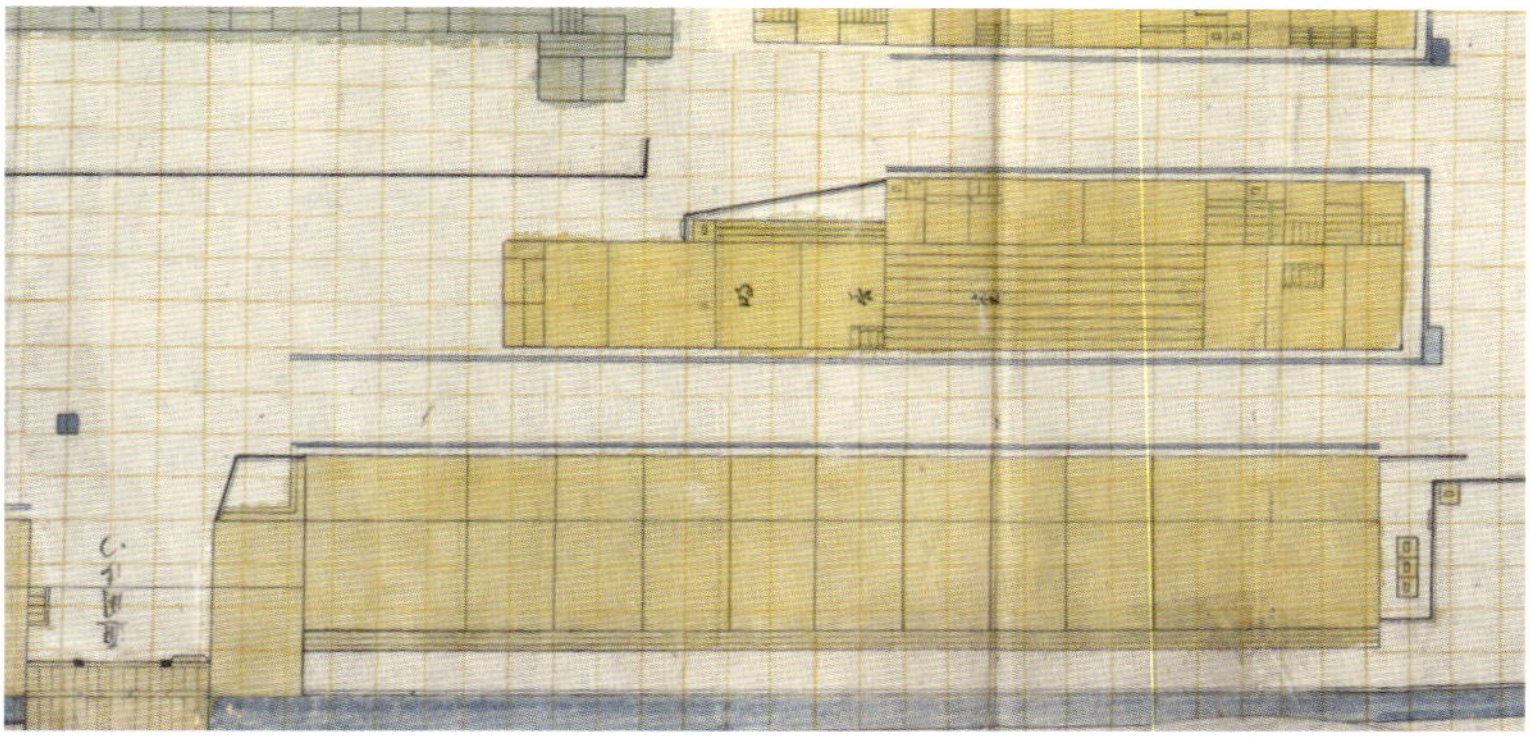

明善堂（溜池御屋敷御殿向其外御絵図部分）
公益財団法人鍋島報效会蔵

に昌平黌に学び、舎長助を務めている。また、幹斎は東北旅行の経験もあり、来訪した神陽たちに詩を送って励ました。「枝吉世徳、某々と将《まさ》に奥地を探らんとし、官舎に来りて、蹔《しばらく》の別れを告ぐ。余、昔游《あそ》びしを憶《おも》い、此れを賦して餞《はなむけ》に送る」とその詩の詞書にある。詩からは、幹斎が安達原、多賀城碑、塩釜、松島、金華山、仙台などに行ったことが読み取れるので、神陽たちはこれらの土地の話を聞いて予備知識としたのであろう。

三月、神陽たちは意気揚々と江戸を発した。海保洋子氏によれば、連れ立つ友は安藤伯恕《あんどうはくじょ》（伊予）、菅野惟一（加賀〈筆者注：姫路〉）、西田子玄《にしだしげん》（大坂）、十文《じゅうもん》字龍助栗軒《じりゅうすけりつけん》（仙台藩涌谷）で、当初は合計五人である。神陽たちは三月九日に出発、金沢八景、鎌倉、浦賀、銚子、霞ヶ浦、土浦、水戸を通り仙台に入っている。

土浦では、古賀穀堂・侗庵兄弟に学び、土浦藩に招かれていた藤森弘庵《ふじもりこうあん》を訪ねた。弘庵はこの年まで郡奉行も兼務しており、藩校郁文館の教職でもあった。神陽より二十余歳上で、このとき四十八歳、すでに儒者としても名が知られていた。土浦から筑波山を経て、水戸に至り、四月ごろ仙台に着いた。仙台では、四月十五日に玉虫拙斎《たまむしせっさい》宅に泊まり、翌日、藩校の指南役の小野寺鳳谷《おのでらほうこく》に会っている。十九日、涌谷の十文字栗軒宅を訪問した。仙台では金華山、平泉、松島などを遊歴している。五月二十九日には十文字と別れて、涌谷では斎藤竹堂《さいとうちくどう》を尋ねた。竹堂も古賀侗庵の門弟で、神陽より八歳の年長、この時三十二歳で、二年前に神陽が昌平黌へ入ったとき舎長をしていた人である。竹堂の「枝吉世徳安藤伯恕二君見訪。欣然賦呈」の詩には「英雄、罵《ののし》り尽くし、夜酒を呼ぶ。山水清きを談じ、

阪谷朗廬／興讓館高等学校蔵

午《うま》茶を煮《に》る」の聯句があり、再会を喜び歓談に興じている様子が伝わってくる。午は午の刻、昼のことである。神陽たちの旅は続く。中尊寺も見学、鶴岡、上山、米沢、会津から越後に至った。上山藩では昌平黌同窓の金子与三郎《かねこよさぶろう》を訪ね数日滞在した。このときも安藤伯恕と神陽は同行であった。

神陽の「小千谷別安藤伯恕」の詩に「五人出府し、一人帰る」と見えるように、小千谷からは神陽は江戸へ一人旅であった。六月十五日、神陽は江戸へ帰着した。そのときの様子を阪谷朗廬《さかたにろうろ》は次のように述べている。

奥州や越後に大旅行して遊ぶこと百余日、大暑をおかして帰ってきた。満身、鉄のように黒く焼け、毛髪は流れた汗にまみれていた。ただ眼は爛々として輝いていた。どっしりと坐ると、その肩は人の頭の高さにならんだ。酒を呑んで耳が火照るほどになると、着物の袂をはねあげて、声はいよいよ大きく、議論はいよいよ高く冴えた。海や嶽、風や濤の気が、勢いさかんに湧き出づるかのようであった。集まった者は、ことごとく耳をそばだてて聴いた。

（「焦冥巣記」〈現代語訳〉）

意気軒昂で帰着した神陽が、旅での出来事を圧倒的な迫力で友人たちに語る姿が目の当たりに見えるようである。阪谷朗廬は古賀侗庵に学び、神陽と同年でもあり、ともに議論した仲だった。幕末には尊王家として名があったが、西洋事情にも明るく、明治維新後は明六社《めいろくしゃ》に参加していることなどから見ても、多くの西洋通が参加した義祭同盟と理解が近いと思われる人物である。青年期の旅行は人生の基礎を造るというが、この旅行は神陽の知見をさらに大きく広くしたのである。

こののち神陽は古賀侗庵の学塾久敬舎に寓居した。神陽がこの第一回遊学期に出会った友人のうちで、赤石興民《あかいしおきたみ》（正経）を挙げておきたい。興民はもっとも神陽が親しんだ人物である。その出会いは神陽が東北に旅行して江戸に帰ってきたときであった。神陽は興民の学識を深く信頼した。

興民は備前藩士で、八歳でよく文辞をなし、神童と称された。十六歳で、藩主の時務の文章を献言した。これに感心した藩主は、興民を閑谷郷校の教師に任じた。その名声は摂津、播磨、備前、備中、備後におよび、四方から交わりを願うものが多かった。興民はすでに歴史や諸子百家の書物を博覧していた。その志は古芸文にあった。独りよがりの学問で終わってはいけないと思い、ついに剣をたばさみ江戸へ下った。関東の色々な名のある学者を廻ったが、満足できる人には出会わなかった。そのころ自分は奥羽越の東北旅行から江戸に帰ってきて、古賀侗庵先生の塾に住した。興民はひとたび見て大いに喜び、出会いの遅かったことを恨んだ。そしてついに自分に兄事するに至った。興民は初めの名を幾次《いくじ》と云う。字は微卿《びけい》である。自分に出会ってから、自分の名前の経種の一字を請うて名を改めた。

（「悼赤石興民文幷序」〈現代語訳〉）

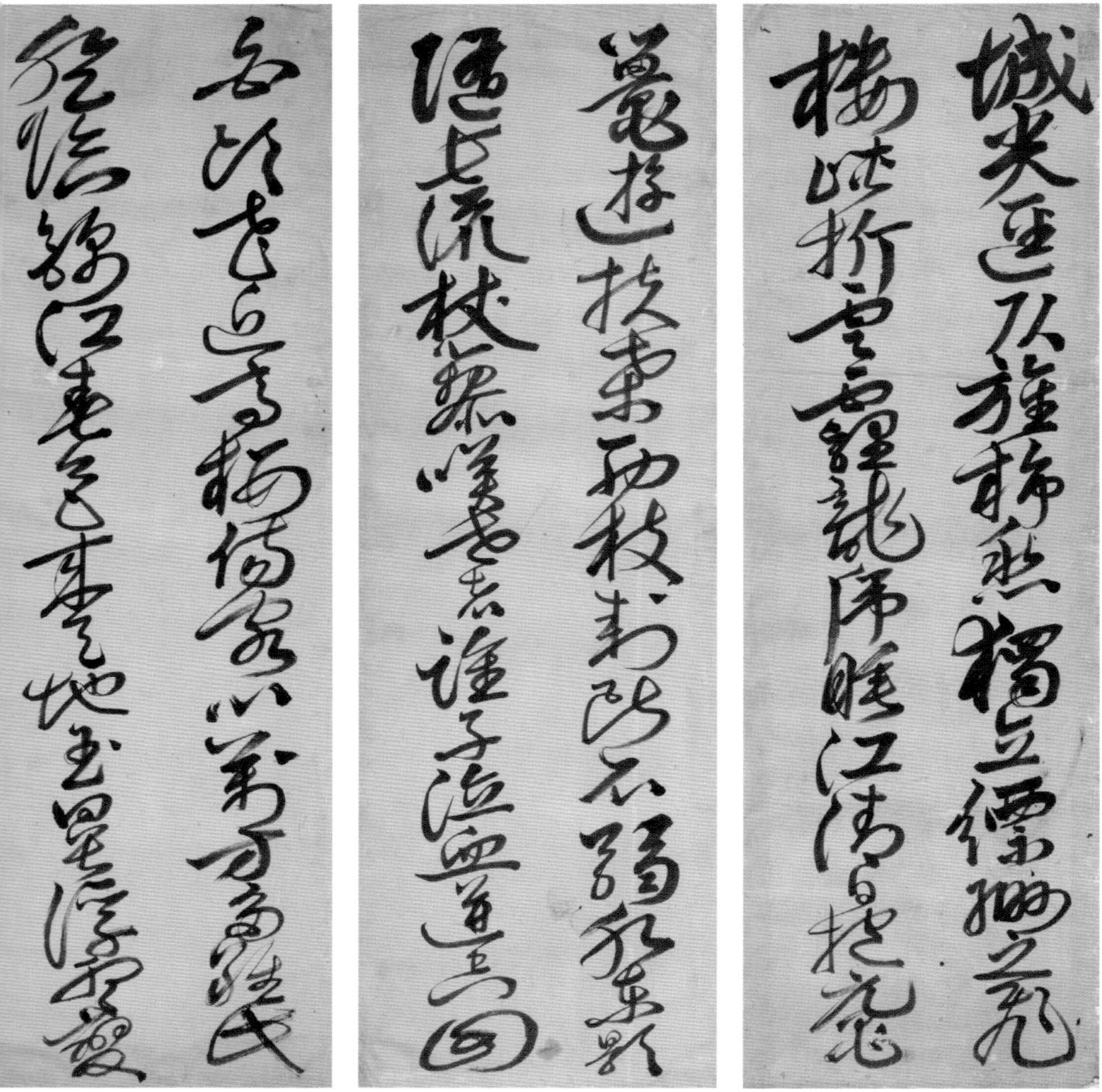

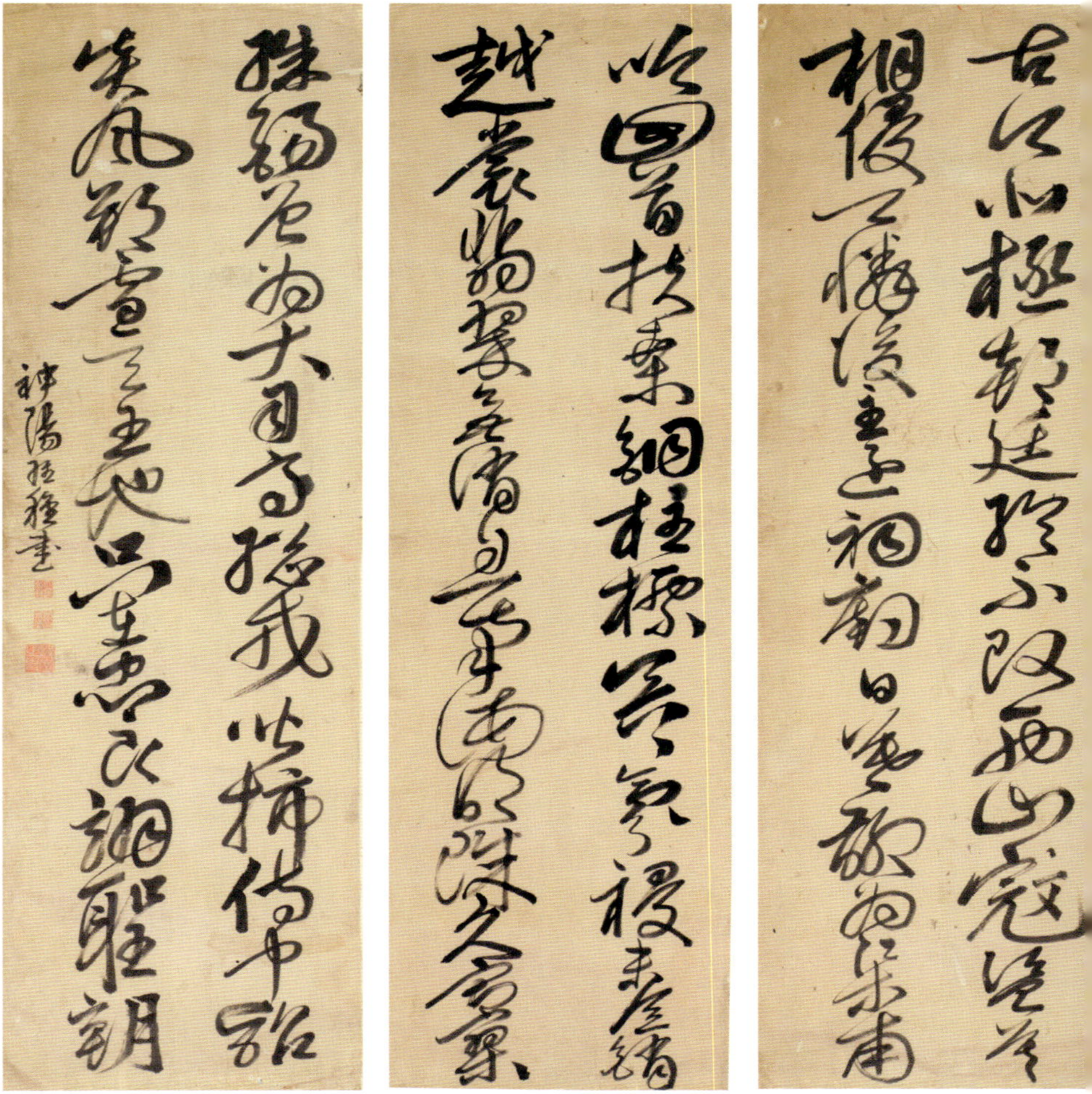

枝吉神陽書「集杜甫詩」

城尖逕仄旌旆愁。独立縹緲之飛楼。峡折雲霾龍虎睡。江清日抱黿鼉遊。扶桑西枝封断石。弱水東影随長流。杖藜嘆世者誰子。泣血迸空回白頭。花近高楼傷客心。万方多難此登臨。錦江春色来天地。玉塁浮雲変古今。北極朝廷終不改。西山寇盗莫相侵。可憐後主還祠廟。日暮聊為梁甫吟。回首扶桑銅柱標。冥々氛祲未全銷。越裳翡翠無消息。南海明珠久寂寥。殊錫曾為大司馬。総戎皆挿侍中貂。炎風朔雪天王地。只在忠良翊聖朝。

神陽経種書。

伊東玄朴肖像
伊東栄『伊東玄朴伝』玄文社

興民は名を「正経」と改めるほど神陽に傾倒した。神陽も同様に、その学識を含めた人となりに敬服していた。神陽の文章を続ける。

それから、日夜、興民と神陽は昔から今までの中国と日本の文献を論じ合い、古芸文の学問を磨いた。興民の才気は他を圧しており、書を読めば、たちどころに諳《そら》んじることができ、またたく間に文章を成した。それは健やかで優れていて、まるで龍がかけ昇り鳳が飛び立つようであったが、まだ世に出ず手綱をつけられ、籠に入れられている。もし、興民に数年を与えたならば、上は古えの名人に並び、下は見るべきもののない学芸の現状を一掃することは掌を見るように疑いようがない。ある日、自分と興民が尚書を論じ合っていたとき、興民は喉をつまらせ、咳きこむと血の塊を吐いた。大きさは指の頭くらいあった。それからやや落ち着いたが、わたしは大いに驚き、医者の伊東玄朴を招き診察してもらった。玄朴は、肺病であり治る者もあるが、むずかしいと言った。それで興民は病を抱いて国に帰ったのであった。そのとき、わたしの手を取って泣きながら言った。「正経は先生と志を同じくして漢文学を学びましたが、不幸にして大きな病気となり、成し遂げることができません」。わたしは答えた、「どんな病気でも気からというではないか。もししっかりと食べていけば、完治こそできなくても悪化は防げるのではないかと願っている。いわんやいまだ完治がかなわぬと決まったわけではないではないか。君はまさに春秋に富む青年ではないか。どうして治らないということがあろう」と。ところが何としたことか、郷里に帰りつき、四、五日して……。

（同右）

神陽の文章は、以下が散逸し、ここで切れている。四、五日して亡くなったと続いていたのかもしれない。一方、興民にも詩や文があって、神陽が病に臥し興民が心配したこと、神陽の富士登山のことなど、あまり知られていなかったことが分かるのである。江戸遊学時代の神陽がもっとも信頼した友人であった。

弘化三年（一八四六）九月、神陽は佐賀へ帰国することになった。帰途、越中国から丹波国の天橋立などを訪れて十月二十九日に佐賀へ戻った。

神陽の帰国に際し、たくさんの友人が送別した。神陽には安藤伯恕や大原観山のような昌平黌書生寮の友人と、赤石正経や阪谷朗廬のような古賀侗庵の学塾久敬舎の友人とがあった。ともに東北を旅行した宇和島藩士安藤伯恕は送別の一文で、三年に及ぶ交際の親しきを述べた。神陽は帰国に当たり、帰途、北陸や山陽を遊歴するというが、無謀な冒険をしないで無事帰郷し、家族に喜んでもらうようにと言っている。厚い友情が伝わってくる文章である。

## 神陽の結婚

神陽が帰国した十月二十九日より半月前、父南濠は江戸の溜池屋敷（佐賀藩中屋敷）にあった学問所明善堂の文武を監督することを命ぜられた。枝吉家は神陽の帰国と入れ替わりに南濠が江戸へ出立するという状況にあった。帰国した神陽とかねて結納していた従妹の木原しづとの婚儀は、このような慌ただしい中で、

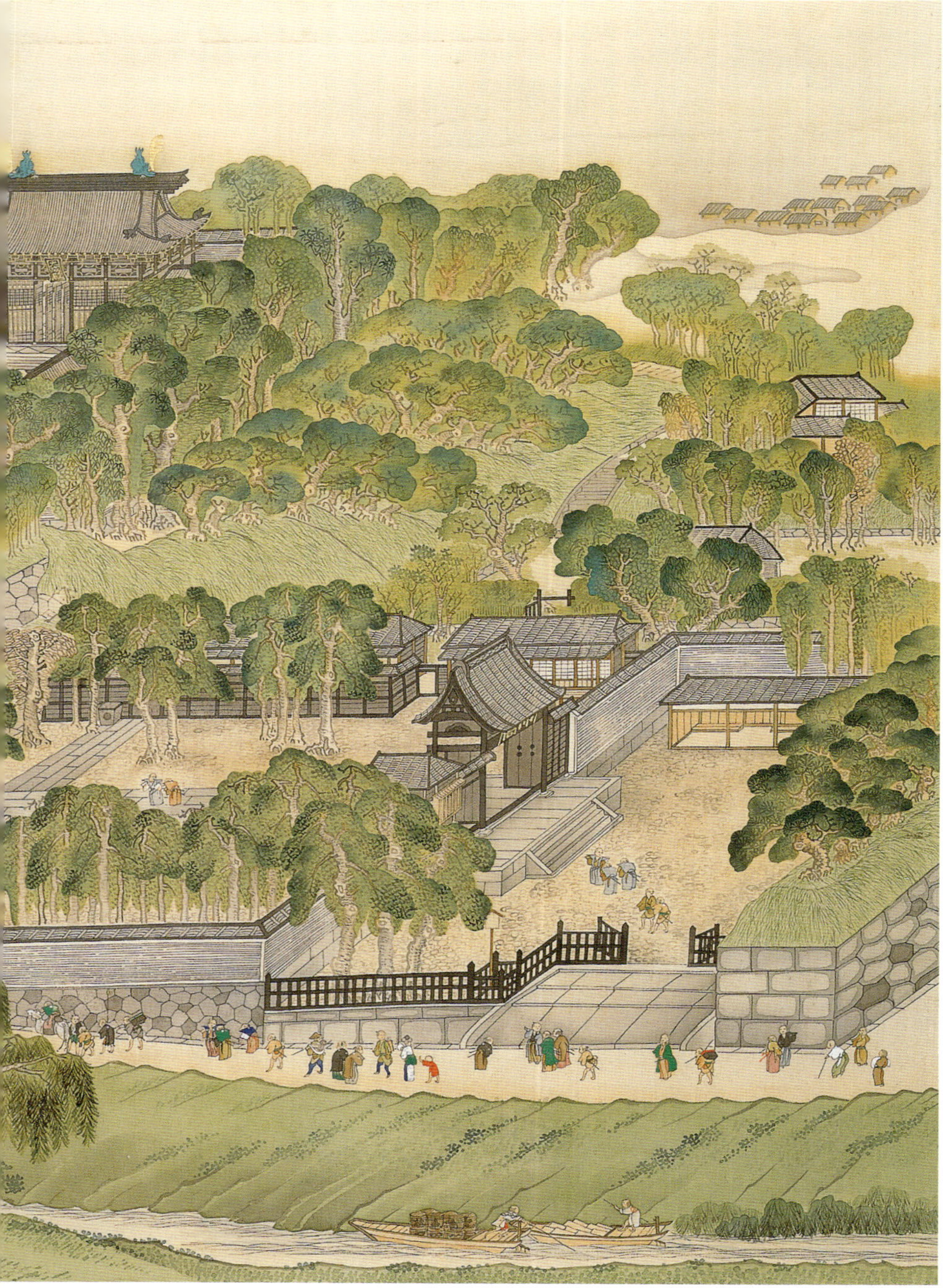

聖堂絵図（狩野素光画）／斯文会蔵

南濠出発の五日前、十一月十一日に執り行われた。しづは神陽より七歳下の文政十二年（一八二九）十二月生まれ、実家の木原家は神陽の母の実家でもある。これ以後、神陽としづとの間には長女、次女、三女、四女、五女、長男の順に五女一男を設けることになる。ただ、三女、四女、五女は神陽に先立ち夭折し、明治十一年（一八七八）、長男種徳《たねのり》も家を成す前に十九歳で没することになる。

佐賀に帰った神陽は、しばらく落ち着けるかと思ったであろうが、どうしたわけか帰国して二ヶ月もたたない十二月二十一日、再遊学を命ぜられた。年が明けた三月、神陽は再び江戸を目指した。

## 第二回江戸昌平黌遊学時代

弘化四年（一八四七）三月二十六日、佐賀を発した神陽は、五月五日以前には江戸へ着いた。その日、ともに遊学を命ぜられた井内左馬之允《いうちさまのすけ》とともに江戸にいた父南濠に出会っている。井内は物成六十石の佐賀藩士で、弘道館の文学独看であるから、高い学識を身に付けていた。神陽より六歳ほど年長の人物である。五月十三日、神陽は湯島聖堂のある昌平黌の書生寮へ入った。火災後、新築完成していたものであろう。古賀侗庵に学んでいたが、この年の正月二十九日に侗庵は亡くなって、その子茶渓《ちゃけい》があとを継いでいた。南濠の日記には、同年八月に江戸の大塚に古賀精里・侗庵父子の墓参りに行く記事もあるので、同郷人として南濠と侗庵は特別の親しみがあったに違いない。

江戸へ着いた神陽はすでに二回目の遊学で二十六歳、学識の秀でていることは衆目の認めるところであったので、七月十七日には舎長助に任命され、教授であった佐藤一斎から申し渡しを受けた。そのとき同時に舎長になったのは大原晋之介という人物である。翌嘉永元年（一八四八）には、大原の退寮にともない、一月二十五日、神陽は舎長に任ぜられた。同時に井内左馬之允も舎長助に任ぜられた。佐賀藩から舎長と舎長助とが並んだ。ただし舎長助は二名であった。佐藤一斎から任命があり、その場に古賀茶渓が立ち会った。この遊学第二期に出会った人物に久留米藩の広瀬光がいる。広瀬は神陽について、

戊申（嘉永元年）夏五月、予、笈《きゅう》を負いて江都に游び、肥の枝吉世徳に昌平黌に相遭ふ。世徳、人となり魁岸奇偉、才高く、識明らかに、学は博くして精しく、最も朝典に熟す。而してその志は格君安民にあり。（「送枝吉世徳西帰叙」）

といっている。先に述べたように神陽はこの時はすでに舎長も務めており、もっとも充実した時期であった。「最も朝典に熟す」という記述には、神陽が日本古典について論じていることが察せられ、「その志は格君安民にあり」というところには、訓詁の儒学を脱し、政治の改革を志して議論している様子が窺える。神陽の弟副島種臣は神陽の昌平黌時代を語って、「昌平校に於ても書生が皇国の古典国書を見る者の多くなる様になした」（『副島伯経歴偶談』）と言っているが、昌平黌に日本の古典学習を持ち込んだのは神陽の力が大きかった。

四国伊予の大洲藩の矢野玄道《やのはるみち》は、神陽が舎長に任命される少し前の、弘化四年

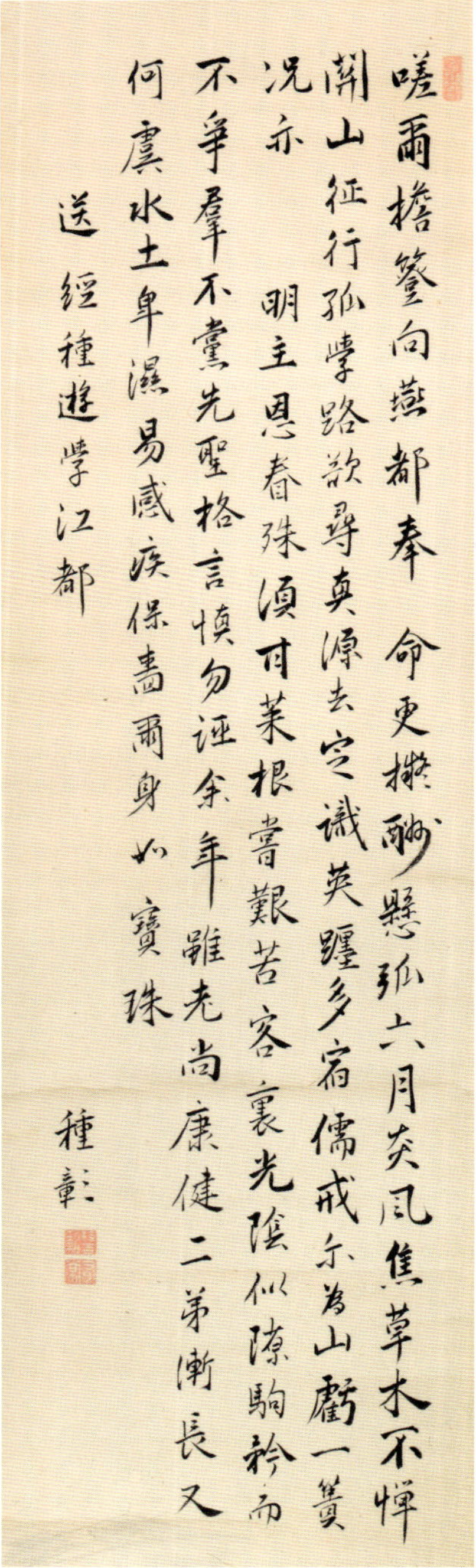

枝吉南濠書「送経種遊学江都」　枝吉神陽が江戸に遊学するにあたって父が与えた書

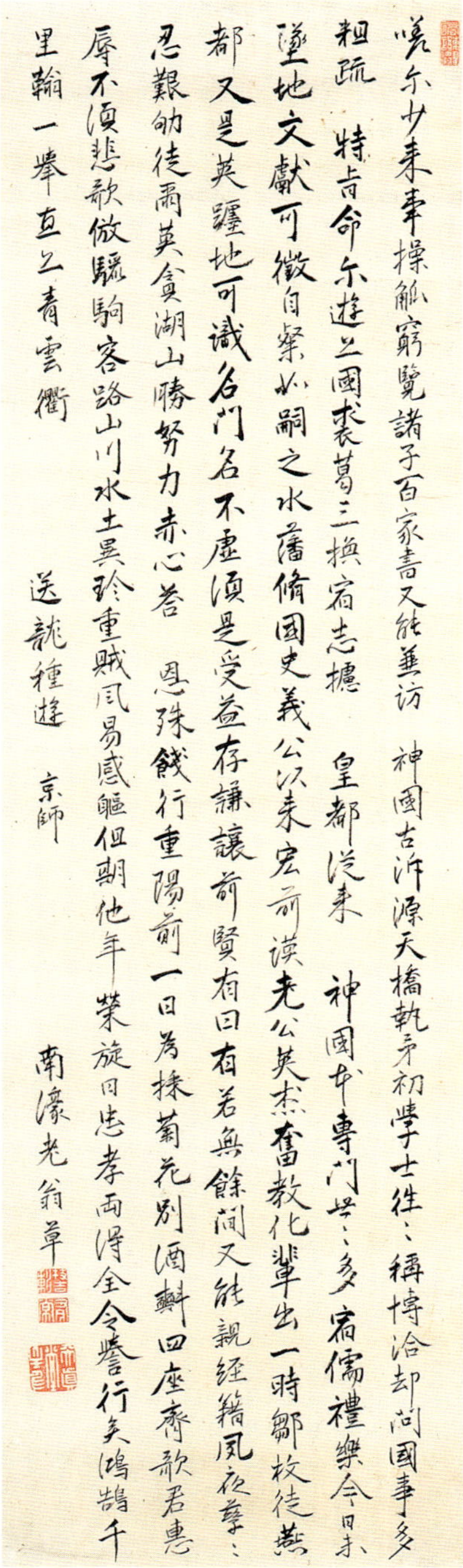

枝吉南濠書「送龍種遊京師」　実子龍種（のちの副島種臣）が京都に遊学するにあたって父が与えた書

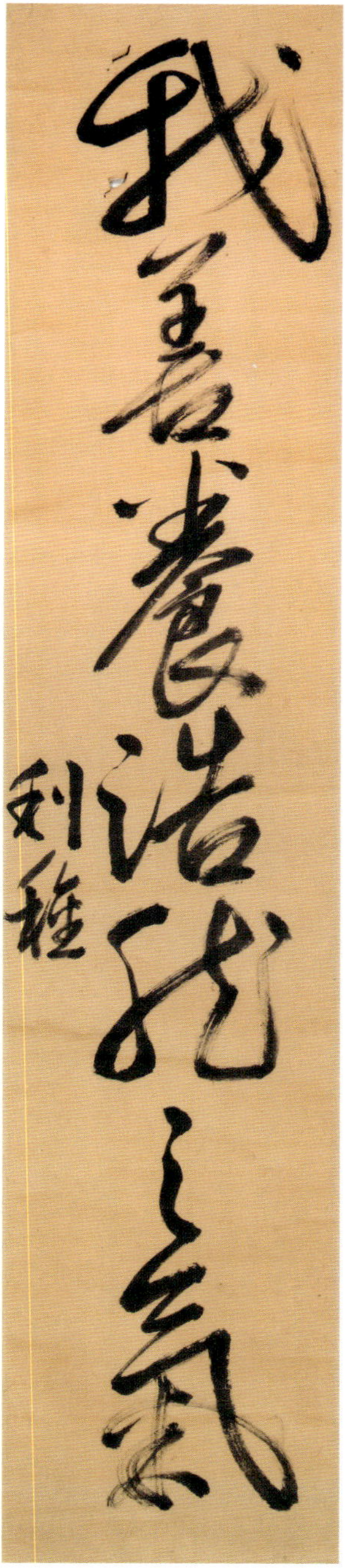

枝吉利種書「我善養浩然之気」

一月二十四日に昌平黌へ遊学した。玄道は文政六年（一八二三）の生まれであるから、神陽より一つ下である。玄道は同じころ平田家の国学にも入門している。玄道が父に宛てた手紙には、昌平黌の生活について、同年配の青年が各藩から集い、それぞれ御国の面白い話をしている様子が窺える。神陽はどのような佐賀の話をしていたのであろうか。玄道と神陽は、同じ古賀門でもあり、とくに親しかった。また、次のようにも言っている。

当時舎長は松山人大原晋之介相勤《あいつとめ》、此れは日下《クサカ》門にて、松山にて随分親知に候人の御坐候。助勤は桑名人長橋章介と肥前佐嘉人枝吉平左衛門と申す三人にて候。大原枝吉共に、皇朝の事に甚だ心を用ひ候人共にて、話も出来候。中に枝吉は殊《こと》の外《ほか》慷慨家にてザツト蒲生君平のやうな男と存ぜられ候。（『矢野玄道』）

神陽が皇室のことで、友人たちの前で熱弁をふるっているのが見えるようである。蒲生君平《がもうくんぺい》は神陽より半世紀ほど前に生まれた尊王家で、皇室の陵墓などを研究した『山陵志』などを著している人である。この何年かあとと思われるが、玄道は昌平黌時代の親しい友人について記している。

わたしが昌平黌にいたとき、枝吉神陽、大野晋、宮内喬林、針生大八などと心の通った交わりをして、もっとも親しかった。春の夜、春の月が出れば、外に出て遊ぶごとに必ずといっていいように多く一緒であった。酒を飲んで、耳が熱くなるほどになると、お互いに天下に楽しいところは昌平黌にすぎるものはあるまい、今日こうして一つ部屋に仲良く向かい合っているが、明日の朝はかならず地理が遠く離れた胡《こ》と越《えつ》のようになるだろうといい、襟を開いて言いたいことを議論しあい、みな歓を尽くして満足した。今や果たしてみな四方に散じて、針生は亡くなり、あの世に旅立った。夜半にこのことを思うと涙が流れてしまうのである。

（同前所引『天放詩文集』〈現代語訳〉）

昔昌平黌に在りし時、肥前国なる畏友大蔵経種（神陽）とて、謂《いわ》ゆる比《なら》び寡《すくな》き勤王家の偉丈夫有りて、談論常に皇室の隆替《リユウテイ》に至れば、悲歌慷慨扼腕流涕《やくわんりゆうてい》して千古の憤《いきどおり》ある者の如くなりし……

（『矢野玄道』所引『掃妖纂語』、片仮名のルビは原文のまま）

重野安繹／国立国会図書館HP

玄道には、頼山陽の『日本政記』などを一緒に読んだときの神陽の皇室の記述に対する悲憤熱血の様子が、いつまでも印象に刻まれていた。

玄道が神陽とともに親しかった大原晋之介は、名は有恒、観山と号した人物で、先に述べたように、神陽の前に昌平黌の舎長をしていた人物である。神陽が品川の高輪あたりで「輪台観潮」の漢詩を作ったとき、「相天一蹴す、風波の色。直に向かう、将軍城外の堆《たい》。（空からあっという間に波風が立ち、すぐに将軍のいる江戸城の前の品川の海辺の丘へと向かってゆく）」の詩句から類推してであろうか、外国が近づくとは一言も書いてはいないのに、その意味を察し、「蓋《けだ》し海防を諷《ふう》するなり（思うにこれは海防のことを譬《たと》えているのだろう）」と評している。慧眼である。ペリーが品川沖にやってくるのは、まだ七年ほど後である。しかし、江戸湾を見つめる神陽には、いずれ異国船が品川沖に進んでくることが想像されたのであろう。

神陽は嘉永元年（一八四八）七月、きびしい暑さの最中に友人二名と一緒に富士山に登った。そして拳の大きさの石を二個もちかえった。一個は自分で蔵し、一個を藤野海南に贈った。海南は雪がまだ残るという富士山の自然の厳しさを聞いていた。その石をじっと見つめていると、思わず寒さの厳しさを感じて、ほとんど風雪が身に迫って来る気がした。一緒に登った二人は言った、「富士山は険しい。人は皆、匍匐《ほふく》（這《は》いつくばる）して登る。しかし、正徳《（ママ）》（神陽）は大刀を差し、下駄を履き、五千仭《じん》ともいうべき高さを越えて、まるで丘陵を行くよう

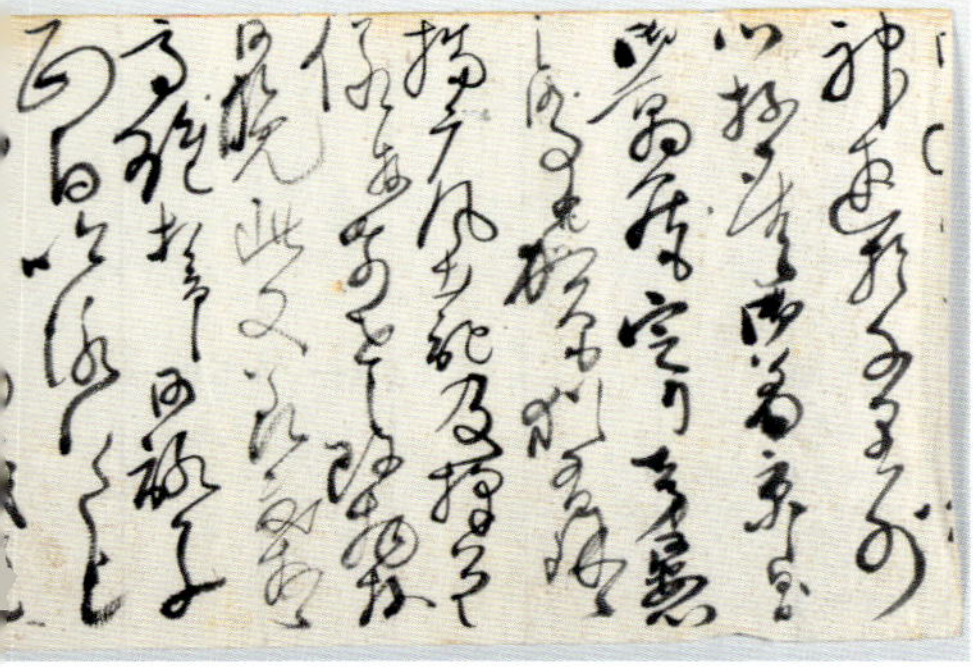

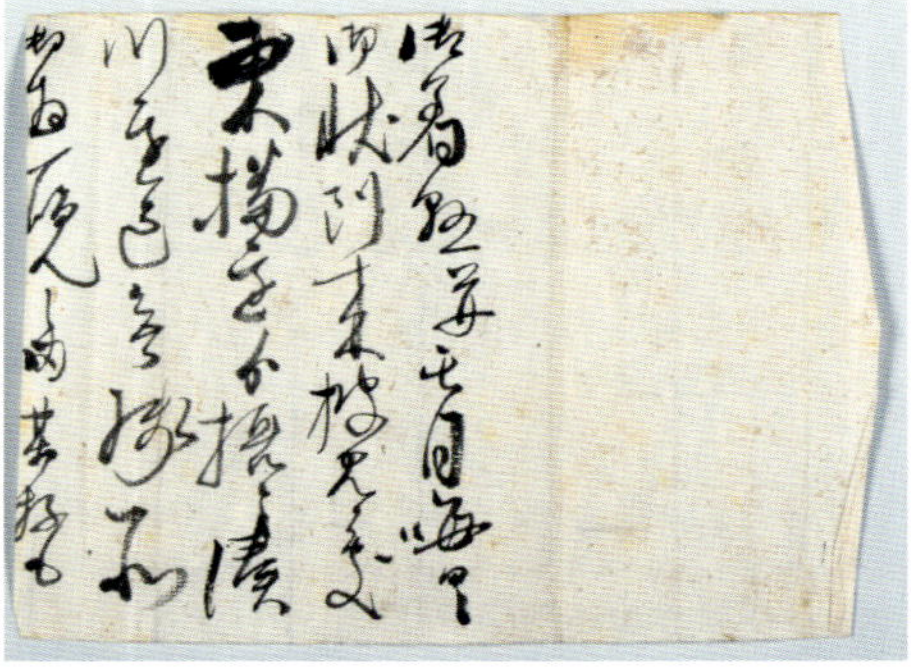

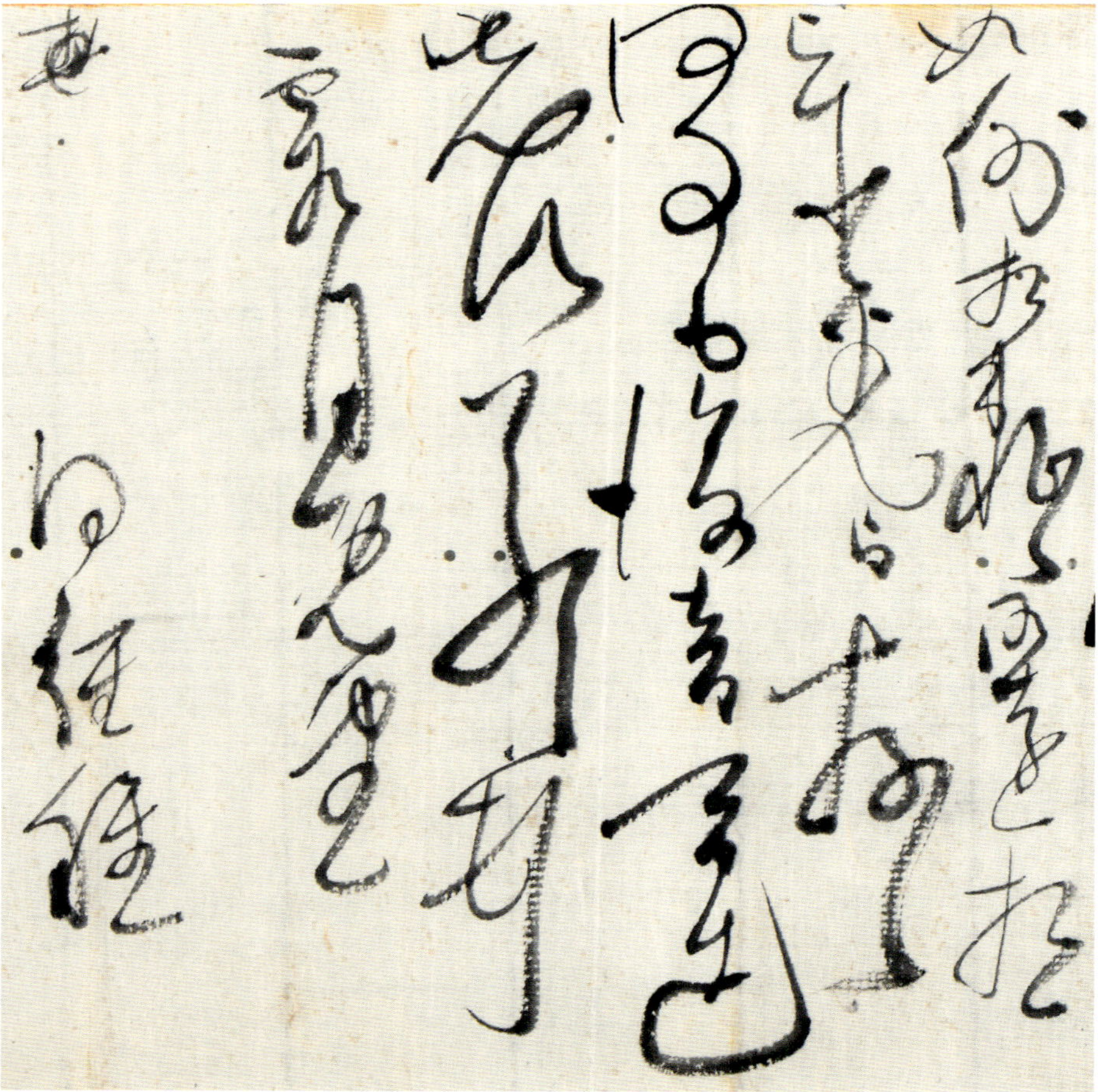

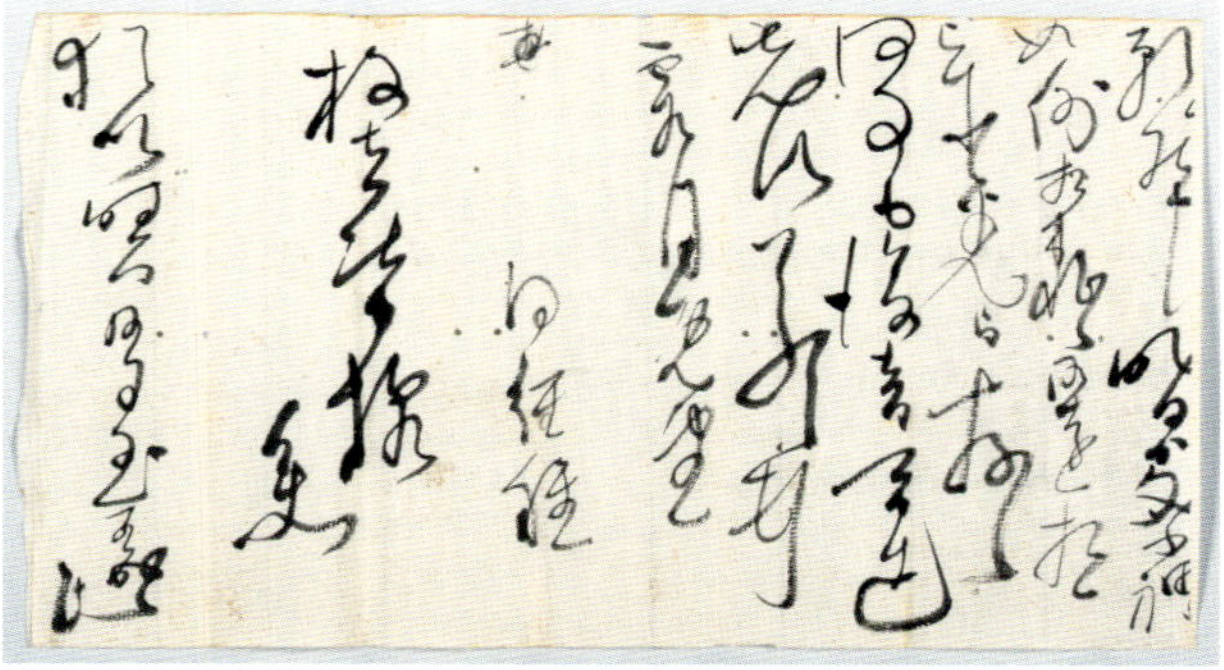

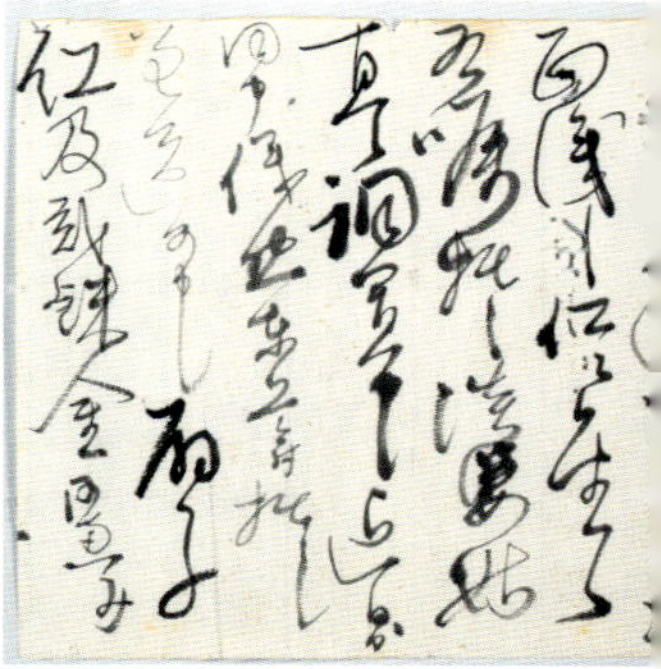

枝吉神陽：副島種臣宛書簡／佐賀城本丸歴史館蔵

御着懸并其月晦日の
御状到来。披見候処
東播辺より摂の湊
川辺迄無残所
御遊覧の由某抔も
神遊於千里外
心抔御座候。御着京則
御寓居も定り旁御安心
の御事共賀も猶有餘候。
播磨風土記及択上之
儀抔希世の珍物抔
御覧此又羨敷存候。
高雄等にての御詠草
面白吟詠いたし申候。
明穂の寺田は成程
某も往年西還の次
面識の仁に御座候。

右嘱托の談妻姑
直に調置申候迄則
田中儀助東上に付托し
差送可申候。扇子
紅及弐銖金御恵み
（この間に一紙脱あり）
願居申候。昨日より祭礼
如例相整候。御遠想
被成候わんと存候。
何事も後音可申述。
先以草々頓首。
霜月晩望。
枝経種。
枝吉次郎様。
参。
猶以時下御自重可被成候。
以上。

に歩いていた」と。海南は、普通は持ち帰えることが憚られる富士山の石を持ち帰った神陽の気象をすばらしいものと感じ、そのいきさつを記した（「富山石記」）。それは、これを自分に与えた神陽の恩に報いるためであり、座右に置いて、「豪気を激発」する手本とするためであった。

藤野海南は松山藩出身、神陽より四歳年少である。のちに昌平黌の舎長にもなった優秀な人物であった。海南の親友であった重野厚之丞安繹も明治の史学界に重きをなした人物である。薩摩藩出身で、神陽より五歳年少である。彼も神陽が富士山に登って持ち帰った拳の大きさの石を見たことがよほど印象深かったのであろう、神陽が佐賀へ帰る時、「富山石歌。送枝吉世徳」の詩を作り、送別している。後年、神陽を回想して「世の中に一見して畏《おそ》るべき者は無い。枝吉のみは其の言動に接する者は、直《ただち》に圧迫され、深く交《まじわ》る程《ほど》畏敬の念を増す」（『久米博士九十年回顧録』）と語っている。

## 母からの手紙

この神陽の第二回目の昌平黌遊学期に、母親の喜勢から受け取った四通の手紙が残っている。神陽が江戸に着いて二ヶ月後の弘化三年（一八四六）七月七日の七夕に出された手紙は、妻のしづに子が宿り、目出度い着帯の祝いをしたことを知らせている。この子は女の子で十一月四日に生まれた。名を常《とき》と名付けられた。長女である。

十一月七日の手紙は少し深刻である。父子二人が江戸で元気に勤めていることを喜んだあと、次郎（種臣）の病気がいまだすっきりせず世話をしているが、だんだん良くはなっているようだから安心してほしいこと。吉之進（末弟豊三郎の前名カ）は長々しい病気なので、励ましの手紙が欲しいこと。親類中も病人ばかり多いことなどを書き綴っている。いまだ帰国の予定の見えない南濠・神陽父子不在の枝吉家の不安が見える手紙で、喜勢も心細くなってつい書いてしまったのだろう。

弘化五年三月十四日の手紙は神陽・南濠両名に宛てたものである。ここではまず「次郎初め皆々無事に暮し」ていることを知らせている。南濠の帰りを待ち望んでいる喜勢の様子も窺える。この手紙がまだ江戸に着かないうちに南濠は帰国の途についた。三月二十一日、神陽は父を品川まで見送った。南濠の詩に「経児、送りて品川駅に到る。惜別、豈《あ》に黯然《あんぜん》の魂なからんや（経種が品川宿まで送ってくれた。別れを惜しんでいると、どうして暗い悲しい気持ちにならないことがあろうか）」の一聯（48頁）がある。当時の江戸までは長い道のりである。江戸での別れが永遠の別れになることもあった。

南濠の帰国からちょうど一年後、嘉永二年（一八四九）の三月十一日、神陽は書生寮舎長の御役御免を願い出て許された。佐賀に帰国の時期が迫っていた。その年の正月五日、母喜勢からの手紙には、「当春はお帰り成され候はんと、一しほ一しほたのしみ暮しまいらせ候」とあり、首を長くして神陽の帰国を待つ母の気持ちが伝わってくる。昌平黌では諸友が集まり神陽の帰国を盛んに送別した。その送別の中から宮内喬林《みやうちきようりん》の送別の文章を紹介したい。神陽に喬林が送別した文

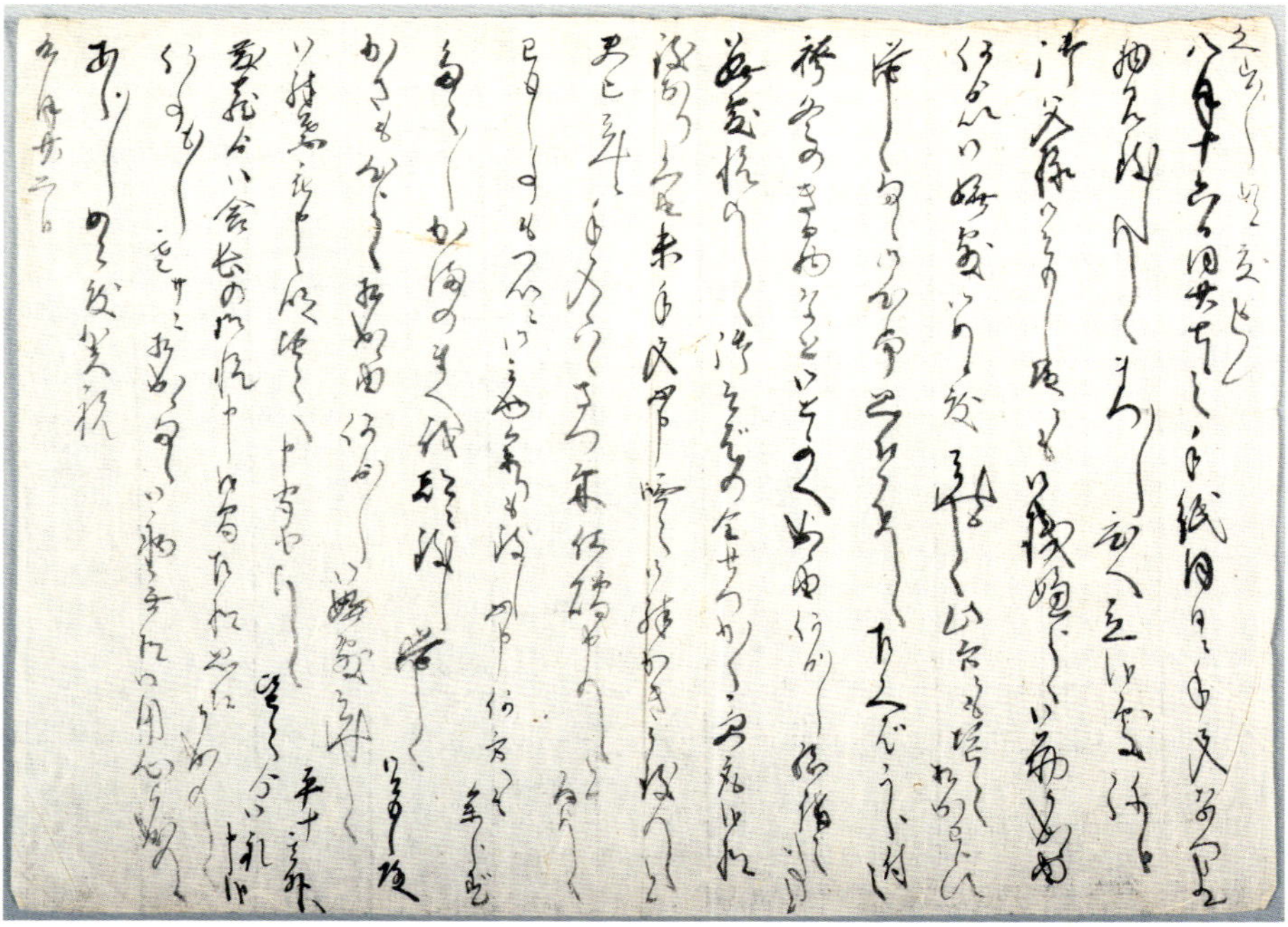

喜勢：枝吉神陽宛書簡／佐賀県立博物館蔵

八月十六日同廿七日之手紙同日に手に入なつかしく
拝見致しまいらせ候。まつ／＼ひへ立候処弥々
御父様御そもし殿にも御機嫌よく御勤被成候由
何より以御嬉敷御めて度そんしまいらせ候。此方にも皆々相かわらす
暮まいらせ候まゝ御心易思召被下へく候。左候へばうら付之
袴冬のきる物なと御とゝのへ被成候由何より／＼結講之御事と
御嬉敷悦まいらせ候。御そばの金せつかく受取候様
致おり候へ共未手に入不申無々御殊かき被致へくと
夫已そんし候。手に入候はゝさつ束仕贈申へく候と存まいらせ候。
わもし事もついに御みや参りも致し不申何方へも参らす
たゝ／＼かまのまへを都に致し暮まいらせ候。そもし殿
かさも心よく相成候由何より／＼御嬉敷そんしまいらせ候。平十其外へ
御殊葉被申候段皆々へ申聞せまいらせ候。皆々より御礼申候。
藤蔵よりは舎長の御悦申候間左様思召被成へく候。
何事も／＼寒さに相成候まゝ御病無様御用心被成へく候。
あら／＼めて度。賀祝。
九月廿二日。
かへす／＼めて度かしく。

古賀侗庵肖像／同前

章は他の友人のものとは異なり、親しいが故に、きびしい直言を送っている。

〔神陽は〕人と天下の風俗を談じ、古今の成敗を論ずると水が激しく流れるようで、およそ滞るところがない。もし、話して意見が一致しないところがあれば、そういう時は滔々と弁じ、弁じてなお食い違うときは、目を怒らして、往々人を屈伏する。そんなとき僕は、ついでに問うていったことがある。君は肥前からここに来た。道はすでに三千里だ。今また東北諸国を遍歴し、ほとんど天下の半ばに足を延ばした。そこで出会った高人偉士（高潔な人、偉大な人）は一人や二人ではないだろう。願わくば僕にそれを語ってくれ、と。世徳（神陽）は笑って言った。僕が会った人物はみな蚊虻《ぶんぼう》の徒（蚊《か》や虻《あぶ》のように語るに足らない人物）だ。もとより論ずるに足らない、と。（中略）遊学が久しくなって、今君は故郷に帰ろうとしている。友人たちは皆詩文を贈って別れに臨んでいる。世徳は僕を見て言った。君も何か書いてくれることはないか。僕は言った。君は以前、古今に人はいないといった。そうであるなら、どうして僕が君の為に言うことがあろうか。どうしてもということであれば、一つ言おう。僕は君の才なきを心配しない、君の自信を心配する。勇なきを心配しない、君の勝ちを好むを心配する。（下略）

（「送枝吉世徳序」〈現代語訳〉）

喬林の苦言ともいうべき言葉は、諸友の送別の辞のなかでは、神陽に強い印象を残したのではなかろうか。後述する「送木原公裕序」の中で神陽は「余は常に

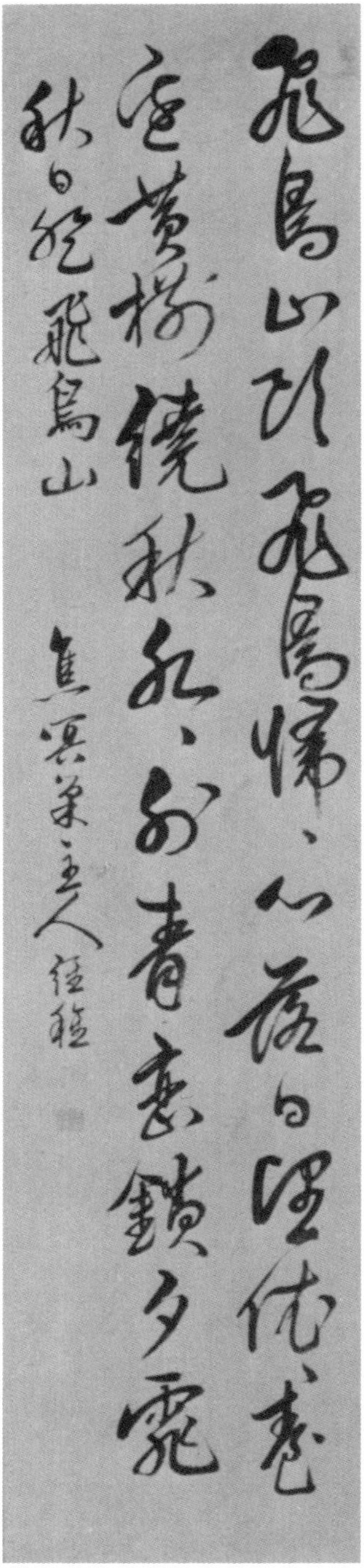

枝吉神陽書「秋日登飛鳥山」 飛鳥山頭飛鳥帰。帰心落日望依々。台辺黄樹繞秋水。水外青巒鎖夕霏。秋日登飛鳥山。集冥巣主人経種。
『郷土の先覚者書画』佐賀県立博物館

四方山水の間を放浪し、傲然として曰く、寥々として人なきや」と人を侮《あなど》っていたことを語り、「余の人を識らざるなり」と反省している。そして公裕が「我が悔いに類せんことを恐るなり」と述べて、公裕の門出にはなむけとした。神陽が没したのはその一年後のことであった。十二年前の喬林の言葉は神陽のこころに留まっていたのだろう。喬林は宮内克崇といい、松山藩の人である。

神陽が二度の遊学で得たものは、同輩との議論により漢文学や国典の学識を深められたことは当然あるであろうが、藩の枠を超えて人の有り様を体験認識できたことが大きかったのではなかろうか。当時の多くの侍は選ばれて参勤交代に随従することくらいしか、自藩以外を体験することはできなかった。それに比すれば神陽は、全国の英才が集合した昌平黌および古賀門の塾生たちとの交友を体験した。藩を越えて日本全国から俊才が集まり、垣根ない話ができる。若いころにこの体験を積める人は稀で、貴重なことだったと考えられる。佐賀でも神陽の昌平黌時代の英姿は長く言い伝えられたようで、徳久恒範は「枝吉先生、昌平校にあるや、時々散歩せらるゝ時は、鉄扇を携へ、数多《あまた》の書生を引き連れ、自ら先きに立つて、行かれたり。又能く力士を愛して、連れられたが、彼等が一番心が奇麗だ、といひ居られた、と云ふことである」（「徳久熊本県知事の談話」）と回顧している。

## 昌平黌から帰る

嘉永二年（一八四九）六月、江戸から帰郷の途中、神陽は京都に立ち寄り、当時陽明学の泰斗として名のあった春日潜庵を訪問した。神陽二十八歳、潜庵は神陽より十一歳年上である。潜庵のところには、これより前、天保十四年（一八四三）にも佐賀藩士が四人訪ねている。そのうち一人は水戸に遊学していた者という。潜庵は「鍋島家中の気象は、はなはだ好ましいもので、いわゆる藩主が聡明であれば、家臣も立派というものだと思われる」と、同じ陽明学者の池田草庵に書き送っている（『幕末維新陽明学者書簡集』）。すでに、佐賀藩への評価は高かった。神陽が潜庵を訪ねたのはその七年後である。潜庵は神陽に会い、その人物に驚いた。同じく池田草庵への手紙で次のようにいっている。

この枝吉平左衛門というものは、鍋島藩の奇士です。年は二十七、八歳、丈は高く、顔が大きく、しっかりした物言いで、こころも大きな男子であります。これまでの色々な藩で、このような男子を見たことはありません。昌平黌に六年遊学して、このほど帰路に立ち寄ったということです。四、五回も参りました。昌平黌では舎長を三年ばかりしたと聞きました。今どきの江戸の学者風とは違って、とても興味深く感じました。鍋島の殿様の様子も詳しく聞きましたが、はなはだ喜ばしく、人の心に叶ったものと思いました。そのため、士風も大きく振るっているのだろうと思います。殿様も陽明学を好まれていると枝吉は言っておりました。枝吉は陽明学ではありません。ですから今度王陽明の集を読むように勧めておきました。鍋島藩一国の学問議論のあり方はとてもしっかりとして正しい道を大きく行くようで、これまで諸藩に、このような様子があるとは一向に知らず、それを思うと爽やかな気分になり深い息をいたしました。

（『幕末維新陽明学者書簡集』〈現代語訳〉）

潜庵は公家の久我家の家臣という立場もあり、梁川星巌《やながわせいがん》など勤王家との交友活動もあり、こののちの安政の大獄では、いったんは京都六角の獄に繋がれた。江戸へも送られたが、数年後に赦されている。維新後は一時奈良県知事を勤めた。橋本左内、西郷隆盛などとも交わりがあった人物である。

厳格剛直で、京都で多くの人物に接していた潜庵に「奇士（すぐれた人物）」「これまで諸藩の中、このような男子を相見申さず」と神陽は評されたのである。

# 第四章　佐賀藩での活躍

## 帰郷後の訪問者

嘉永二年（一八四九）七月十八日、枝吉神陽は京都滞在を経て佐賀に帰った。二十八歳になっていた。佐賀に帰ったあと出会った人々にも神陽は強い印象を与えている。その中から幾人かを紹介しよう。

神陽が帰国して半年ばかり経った嘉永三年二月、仙台藩から国分平蔵、高尾喜庵、佐々木道元がやってきた。みな学者だったのであろうか、佐賀では草場佩川（六十四歳）、古賀素堂（四十歳）、武富圯南（四十三歳）ら、弘道館を代表する大儒が佐賀城下大財の鳶魚斎《えんぎょさい》（武富氏の別館）で応接した。新進気鋭の神陽もこの列に加わった。そこに折よくちょうど佐賀に来ていた平戸藩の若き儒者楠本碩水（二十歳）が同席した。将来日本最後の儒者ともいうべき碩学となる碩水はその時、諸先輩の中に神陽を見て、「実雞群中之鶴（まことに鶏の群れのなかに鶴がいるようであった）」と回想している（「神陽遺稿序」）。神陽は、やはり若者を引き付ける強い魅力を持っていたのであろう。

同年九月二日、平戸や長崎を目ざし旅していた萩藩の二十一歳の青年吉田松陰が佐賀城下を通った。そして十二月二十一日から二十四日まで、再び佐賀城下に滞在、この間、武富圯南、千住大之助、草場佩川、枝吉神陽などに会っている。弘道館の寄宿生が二百八十人ばかりもいると聞いて「実に盛と云ふべし」と驚いている。二十三日の夕方は長楽庵で詩会が催され、二十四日には弘道館を見学して神陽や圯南などに面会した。おそらく二十三日の詩会のことと思われるが、松陰は佐賀の士人たちと交わった際の感激を「盛会に拝趨し豪談劇論を聞き、士気を激発し惰頑を興起するを得、進益少きに非ず、喜幸何ぞこれに尚《くわ》へん」(『西遊日記』「武富文之助に与ふ」)と語っている。この「豪談劇論」をして松陰を唸らせたのは、おそらく神陽ではなかったろうか。この五年後の安政二年(一八五五)、松陰は萩の野山獄に入牢していたが、そのとき九州に渡る友人に「肥前にて枝吉平左衛門必ず御尋ね成さるべく候。僕も一面識のみにて悉《くわ》しくは存じ申さず候へども、奇男子と存じ奉り候」(「来原良蔵宛書簡」)と書き送っている。五年前のただ一回の神陽との出会いが、松陰に強い印象を残していたことが知られるのである。「奇男子」とは他に見ないすぐれた人物という意味である。

嘉永五年(一八五二)、金子与三郎がやってきた。出羽国上山藩士で、後に家老ともなる人物である。天保十四年、江戸昌平黌に学んでいる。翌年九月、神陽も昌平黌に入ったが、ふたりの在籍時期は重なっているので、ここで同窓となり、共通の友人もあったはずである。金子は嘉永六年に長崎に行く途中で佐賀城下を通り、その際、神陽や、その少し後輩の横尾小次郎に出会っている。また、佐賀では反射炉や鉄製のカノン砲などを見学した（『幕末之名士金子与三郎』）。

金子はまた、高島流の洋式の軍事も学んでいた人であったので、安政二年十一月八日に神陽が金子に出した手紙の中で「火技愈《いよいよ》御細究なさるべく存じ奉り候、僕抔《ぼくなど》も同藩一統の勤方にて時々稽古仕り候、おかしく候」と書き送っている（同前）。佐賀藩では安政年間には洋式の銃陣訓練を一般藩士にも行っていた。神陽は鉄砲物頭を務めているので、その立場で洋式訓練に参加することもあったと思われる。また、この一日あとの十一月九日の神陽から江戸在勤の横尾小次郎に宛てた手紙にも、全侍の十六組が火術方に出席、自分も毎日出席していると伝えている（『佐賀藩幕末関係調査報告書』枝吉杢助書簡）。この手紙より少しあとのころと思われるが、そのころ蘭学寮に学んでいた大隈重信が、蘭学寮の側にあった中折の調練場であった面白い話を回想している。当時はオランダ語のまま隊を動かす訓練をしていたが、指揮官の川瀬孫之丞が「ペレント、フラア、ワルツ（小隊、進めッ）」までは憶えていたが、止まれのオランダ語を忘れ、隊列が堀に突っ込みそうになって慌てる話である（『早稲田清話』）。神陽もそのようにオランダ語で指揮をしたものであろうか。なお、川瀬は名を種愛といい、神陽の友人である。

神陽に「観銃陣」七言古詩があるが、その一部に、

銃陣一隊整部伍　　銃陣一隊　部伍を整う
莫道操練勉効虜　　道《い》う莫《なか》れ　操練　虜に効《なら》い勉むと

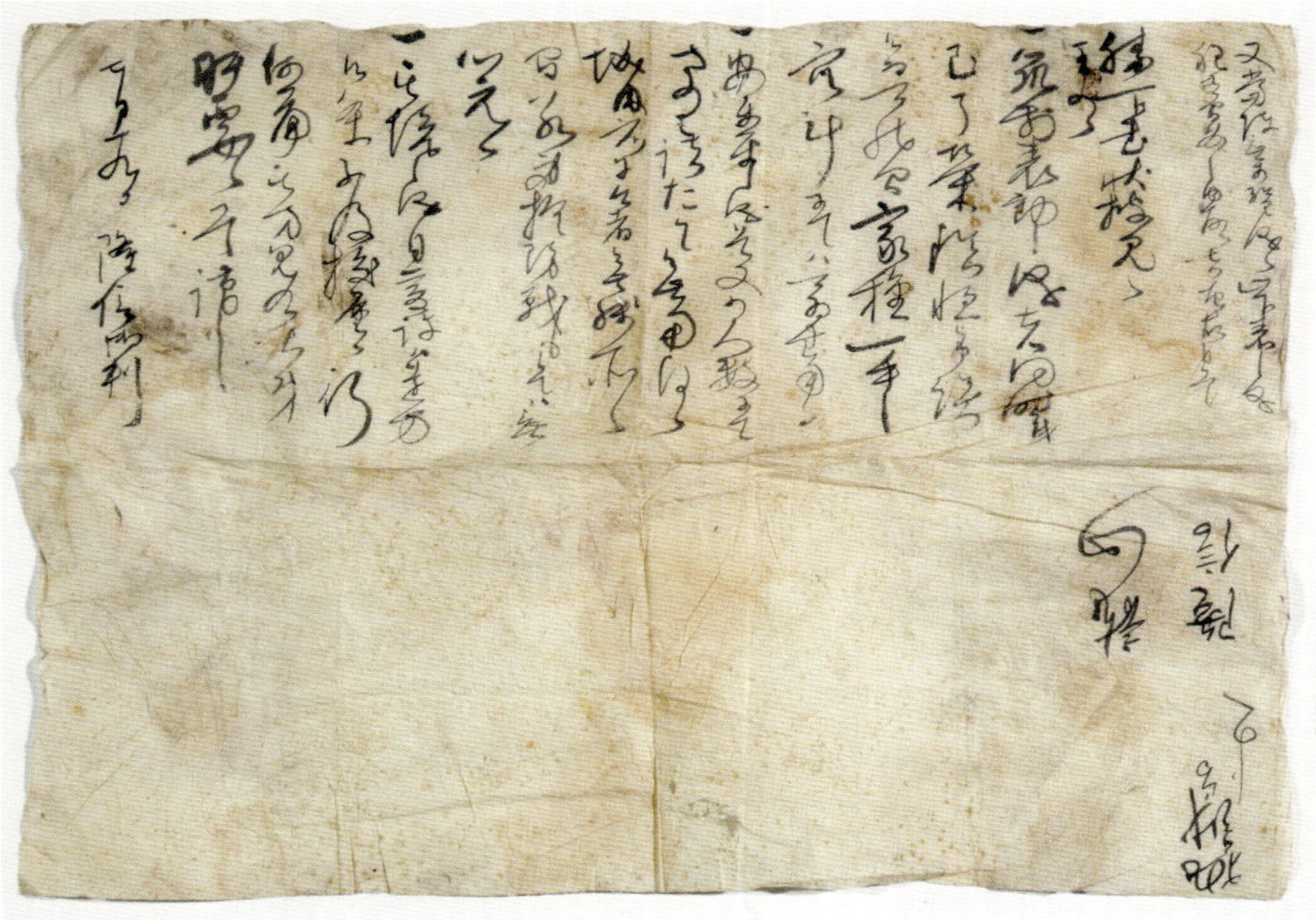

枝吉神陽書写「龍造寺隆信書状」
筑前安楽平（荒平）城攻めの時の文書の書写で、枝吉家の先祖も執行越前守とともにこの戦いで奮戦した。

勝一（勝屋勝一軒）江書状披見候。
一筑前表動の儀は何時も
至了栄（原田）鎮恒（筑紫）被申談
候て可然間家種（江上）一手の
衆斗にては可為無用候。
一安楽平の儀是又少人数にて
さのみ詰たて無用存候。
城内衆に今は無残所候
間若身捨防戦も候ては無
心元候。
一其境の儀自愛許は遠方
候条不及校量候。行何
篇其方見合次第
肝要候。恐々謹言。
七月十九日。隆信御判。
又当陣乗替儀候。山下表の儀
程有間敷の由存候。吉左右自是
可申入候。
龍山（龍造寺山城守）。
隆信。
執越（執行越前守）まいる。
申給へ。

吉田松陰肖像（松浦松洞画）
山口県文書館蔵

以虜征虜本兵機　虜を以て虜を征す 本兵機
鏖戦不用天羽羽　鏖戦《おうせん》 天の羽々を用いず
円乃為規方乃矩　円は乃《すなわ》ち規と為り 方は乃ち矩《く》
一鞭麾兵捷如狙　一鞭 兵麾《なび》き 捷《はや》きこと狙《そ》の如し

――洋銃を担いで陣形を組む一隊が、伍列を整える。敵に習って洋式の訓練をしていると批難しないでくれ。敵のやり方で敵を制圧するのは、軍略の基本。死にものぐるいの戦いに素戔嗚尊《すさのおのみこと》が八岐大蛇《やまたのおろち》を斬った天《あめ》の羽々斬《ははきり》の剣《つるぎ》を使うというわけにもいかない。陣列は、円をつくれば、丸く描く定規のように正確、四角形をつくれば、指しがねのように直角も正確だ。指揮棒ひとつの合図で兵は動き、そのすばやいことは猿（の集団）のようである。

という。この詩などを見ても神陽が、西洋銃陣を否定せず、その優越を認めていたことが分かる。攘夷といっても、攘夷する実力がなければ、ほんとうに攘夷を主張していることにならない、ただの観念の遊び、物語の世界であることを、長崎で第一線に立ち、外国軍艦にも乗り込み、伝習生も送っている佐賀藩の侍たちはよく分かっていた。

　安政三年（一八五六）佐賀城下を訪れた会津藩の南摩《なんま》綱紀《つなのり》（士張、羽峰）も、佐賀藩の銃陣訓練の様子をよく観察して号令は「洋詞」を用いると書き残している。全国どこを探しても、この時点で、藩を挙げて西洋の言葉（洋詞）で銃陣の訓練を行っている藩はなかったであろう。

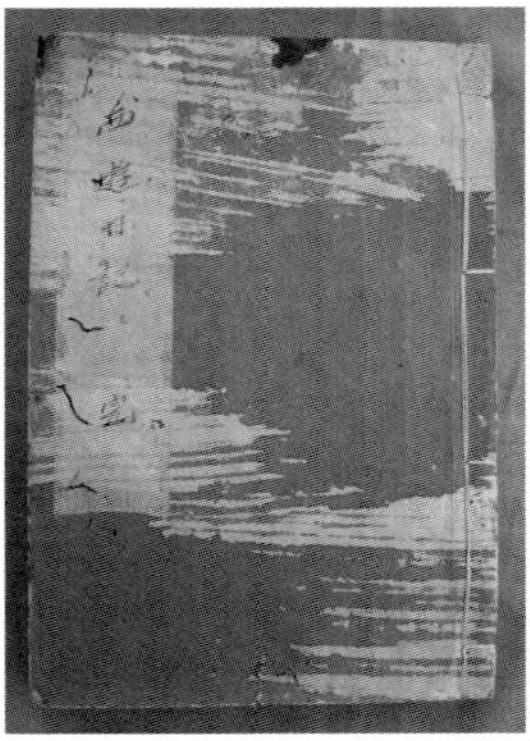

吉田松陰『西遊日記』／松陰神社蔵

## 藩士としての神陽

嘉永二年七月の帰国後に神陽がついた藩の役目を時期を追って述べると、八月には弘道館指南役となった。この役には五石の役料がついていた。石高三十石の枝吉家にとっては、五石といえば大きな加増だったと思われる。一石は二俵半であるから、五石は米で十二俵半である。ついで嘉永三年六月、父南濠の日記に「経種をして刑法司に干預《かんよ》（関係する）せしむ」とあることから、弘道館指南役のまま、藩から刑法のことの調査などを命ぜられている。その後、八月二十四日御什物方に任ぜられた。御什物方は、藩のいわば歴史担当官で、重要書類・重要器物などを管理し、領内の地理要害を調査した。また、佐賀藩の刑法を改革するため、役所の文書の実際の運用や過去のあり方などを調査したと考えられる。島善高氏は『直正公譜』嘉永三年三月十二日条を引いて、この時期、刑法取り調べが盗賊方・案文方などに命ぜられたことを明らかにされている（『幕末に甦る律令』）。担当部局とともに、国典・漢籍に秀でた神陽にも特命が下されたことからすれば、日本や中国の歴史に残る法律も研究していたものであろう。

嘉永三年六月十九日、神陽は弘道館教諭となった。同年八月に御什物方に任ぜられたことは先述したが、この年から二つの役職を兼任するということとなった。

## 弘道館史学派の形成

神陽が教職をつとめた安政の頃の弘道館教諭は定員三名、役料は七石、教諭の上席に助教が二名、さらに上席に学長にあたる教授一名がいた。神陽の頃、教授は古賀穀堂の息子で、古賀精里には孫にあたる古賀素堂が務めていた。教諭の下には都検三名、その下に教導役や指南役などがあった。いずれも侍から任命された。教授となれば、侍クラスの上席にあたる着座（家老の次席、他藩の中老に相当）クラスに位置づけられていた。手明鑓や足軽がつける役職は書記・監厨などである。弘道館は、今でいう小中学生ほどの年齢の者が通う蒙養舎と、十六、十七歳くらいで学校内に寄宿して学ぶ内生寮、通学生の拡充局、門閥子弟の篤信局などがあり、時期によっても変動するが、蒙養舎には六百人ほど、内生寮にも二百から四百人ほどの生徒が学んでいた。校舎は蒙養舎は東西に二校舎、内生寮は南北に二棟あって廊下でつながっていた。外周りは南のお堀のほうに武道場が並び、敷地は約五千五百坪であった。神陽教諭時代の弘道館はもっとも充実していた時期といってよいだろう。

学校の教育の基本は朱子学で、草場佩川、武富圯南が中心となって、古賀精里、穀堂以来の学風を維持していた。神陽の父南濠もこの系譜に属す。神陽も朱子学を否定していたわけではない。それは、亡くなる一年前、文久元年（一八六一）九月一日に威儀を正し清書した「白鹿洞書院掲示」に現われている。白鹿洞書院は宋代の儒学の大家朱熹《しゅき》が学問を講義したところで、そこに掲げられた掲示は、いわば学徒としての心得で、『論語』や『易経』などから選んだ「己の欲せざる所を人に施す勿《なか》れ」というような言葉である。神陽はやはり、これらは人としてのあり方の基本と確信していたと思える。

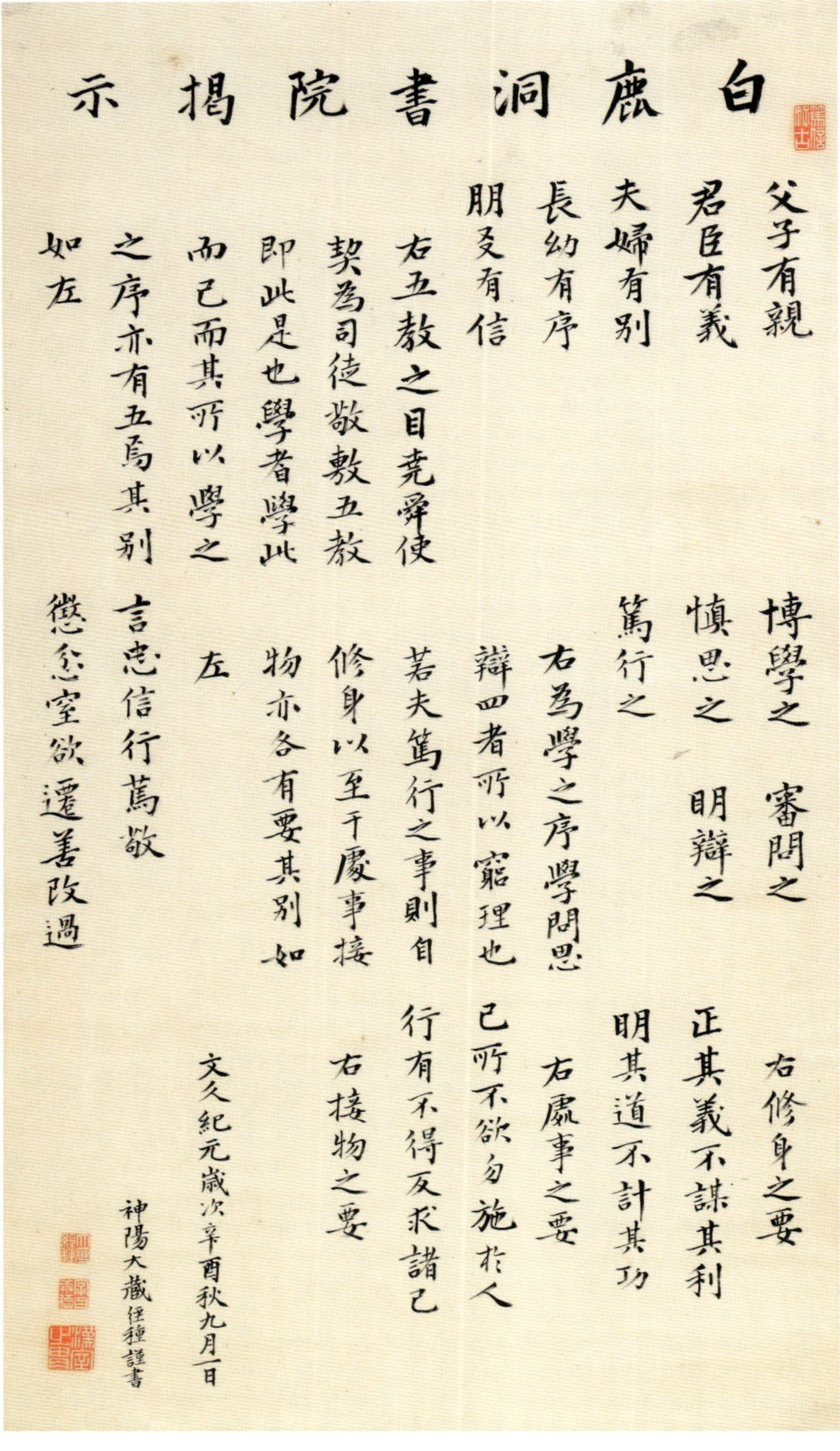
白鹿洞書院掲示

父子有親
君臣有義
夫婦有別
長幼有序
朋友有信
右五教之目堯舜使契爲司徒敬敷五教即此是也學者學此而已而其所以學之之序亦有五焉其別如左

博學之　審問之
愼思之　明辨之
篤行之
右爲學之序學問思辨四者所以窮理也若夫篤行之事則自修身以至于處事接物亦各有要其別如左

言忠信行篤敬
懲忿窒欲遷善改過
右修身之要

正其義不謀其利
明其道不計其功
右處事之要

己所不欲勿施於人
行有不得反求諸己
右接物之要

文久紀元歳次辛酉秋九月一日
神陽大藏任種謹書

枝吉神陽書「白鹿洞書院掲示」

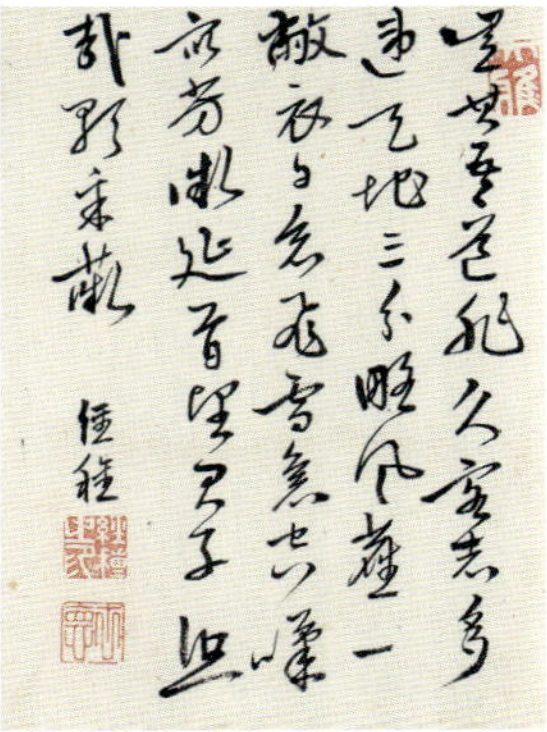
枝吉神陽書「失題」
豈其吾道非。久客志多違。天地三分略。風塵一敝衣。日看飛雪急。空嘆衆芳微。延首望君子。悠哉歌采薇。経種。
佐賀県立博物館蔵

神陽は、副島種臣が「兄は自分一種の学者であつて、陽明でも朱子でもないと云ふ。凡《およ》そ孔子の書を読むには、経を以て経を解すると云ふ」(『副島先生蒼海閑話』)と言っているように、儒学の世界の人であるから朱子も孔子も尊敬はするが信奉はしない、それが種臣のいう「自分一種の学者」ということであろう。これは容易のようで、当時にあってはむずかしいことであった。弘道館では孔子は聖人であり、神聖な存在であり、『論語』などの読み方も「子曰《しいわ》く」では不可であり、「子曰《しののたまわ》く」と尊敬して読まなくてはならなかった。久米邦武が「人は賢聖を天上に望めど、我は惟《ただ》平地に相見る。史学をなす者は此《この》見識なかるべからず。枝吉神陽先生(木工助経種)は英雄は聖人の麁《そ》なるものと言れけり。学問の自由を束縛されしに旧幕時代には、かゝる一語もいか計《ばか》り耳を驚かして講究したりけん」(『久米邦武文書』四)と回想しているが、久米が述べる、史学において賢聖を平地に見るということは、神陽に教えられたのではないだろうか。神陽の言動は通常の儒者の領域を超えていた。

弘道館では教師の指導時間は少なく、自学読書が中心であった。学ぶべきテキストは『小学』や『論語』『孟子』など四書五経であったが、これら経書のほかに『資治通鑑』など歴史書を読むものもいた。神陽は従弟の木原弘三郎などとともに歴史学を主張し、増田広豊は水戸学を称揚した。

昌平黌でも、国典を読むことは神陽の首唱によるといわれている。実態はよく分かっていないが、副島種臣は、弘道館でも神陽は和学寮を皇学寮に改め、これを拡充したといっている。日本を研究することは、廃藩となり、藩という根拠を失った際、日本という立場で、迷わず今でいう新たなアイデンティティを確立する礎となったのではないかと思われる。

## 古文書調査と『葉隠聞書校補』の編纂

御什物方で神陽は、安政三年（一八五六）五月に藩行政府の改変があり、「御什物方沿革取調」は大体完了したということで、部局の定員が減らされるまで六年間勤めている。このとき御什物方をいったん退任したが、翌安政四年二月にはまた復局した。佐賀藩の藩制は大きくは外様（一般行政）と御側（藩主家政）に分かれることは前に述べたが、御什物方は御側の軍事機密を掌る御備立方に属した。藩主に近い部局だった。

藩内の地理要害を知悉することは御什物方の役目で、それをいわば自主研修として神陽と相良宗蔵がやっていたところ、正式に役所の仕事となり、これが歴史に役立つ古文書等を書写した大部の七十余巻の史料編纂物として完成するに至ったが、のち明治七年の佐賀戦争の兵火で失われている（木下喜作「神陽、枝吉平左衛門経種の研究」所収「相良宗蔵書簡」）。鍋島文庫に残る『褒賞録』によれば、安政五年一月、神陽は仕事に精励したということで白銀三枚を戴いているが、こういう編纂の仕事をしていたことが評価されたものであろう。

また、これと並行して神陽が心血を注いだのが、『葉隠聞書校補』の編纂で、文案は神陽が執筆した。この書物がなければ、のちの人々は正確に『葉隠』を読むことはできなかったであろう。『葉隠』には、「堅く火中仕るべき」とあるよう

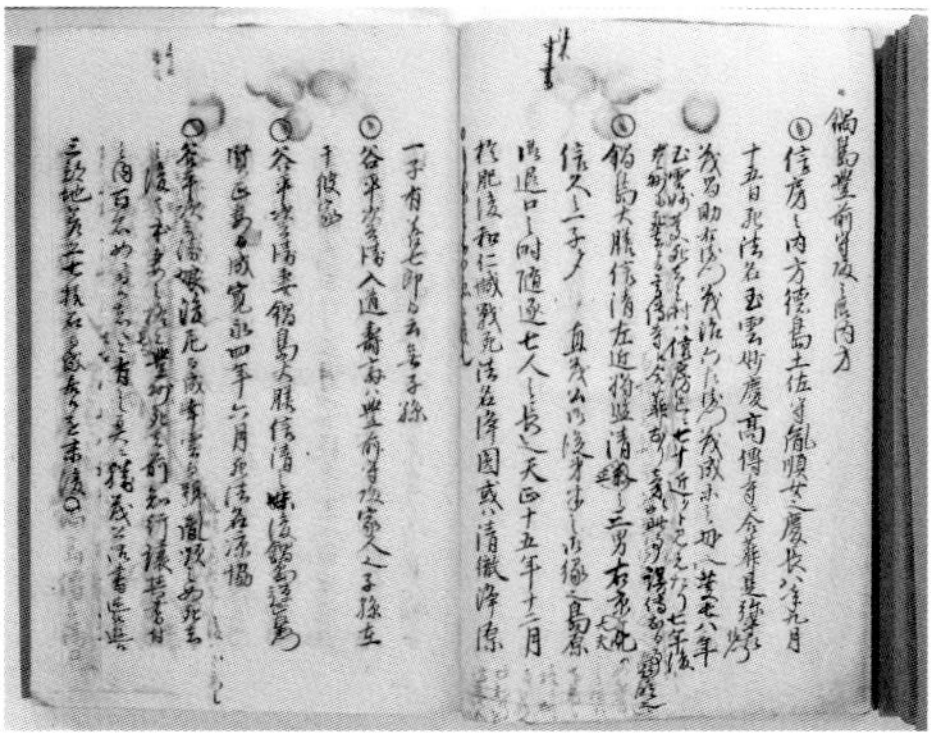

『葉隠聞書校補』　枝吉神陽の書写と推測される／公益財団法人鍋島報效会蔵（佐賀県立図書館寄託〈鍋 063-40〉）

に、他見をはばかる内容が含まれていた。それゆえ、ひととおり読んだのでは分からないところもある。例えば巻一に「勝宮企み内引入れられ筆取りなり。後押込の詮議に及んで内一部を達し座を立ち直ちに山居なり」とある。このままでは、どう読んでも何を言っているのか理解できる人はいないだろう。しかし江戸時代には察しがつく人もあった。これは佐賀藩で二代光茂の主君押し込めの談合が起きていたことを書いているのである。「勝宮」とは、藩主鍋島光茂の押し込めを進めていた重役である。神陽は「勝宮」が誰なのかを解説してくれている。『葉隠聞書校補』には「勝は大木勝右衛門知昌也、宮は岡部宮内重利也、内は鍋島内記種世也」とあり、それぞれの人物についてさらに詳しく述べている。これで初めて内容が理解できることになる。

『葉隠聞書校補』編纂のきっかけとなったのは、弘道館内で行っていた『葉隠』の会読会である。参加者は請役家老鍋島《なべしま》安房《あわ》、御年寄鍋島《なべしま》夏雲《かうん》、中野兵次や相良や神陽など数人。請役家老は他藩でいえば筆頭家老で行政のトップ、御年寄は藩主家政部局の御側のトップで、藩の両局の中枢である。そこで『葉隠』会読会が行われ、校補編纂の話も決まったのであろう。内外の情報をもっとも摑んでいた安房と夏雲、それら政治向きの話もあったであろう。また、直正の意向もこのような機会に聞くことができたと思われる。『葉隠聞書校補』は九分通りまで出来上がっていたが、神陽が没したため中断し、相良宗蔵、徳島常維によって明治に完成された（同前）。

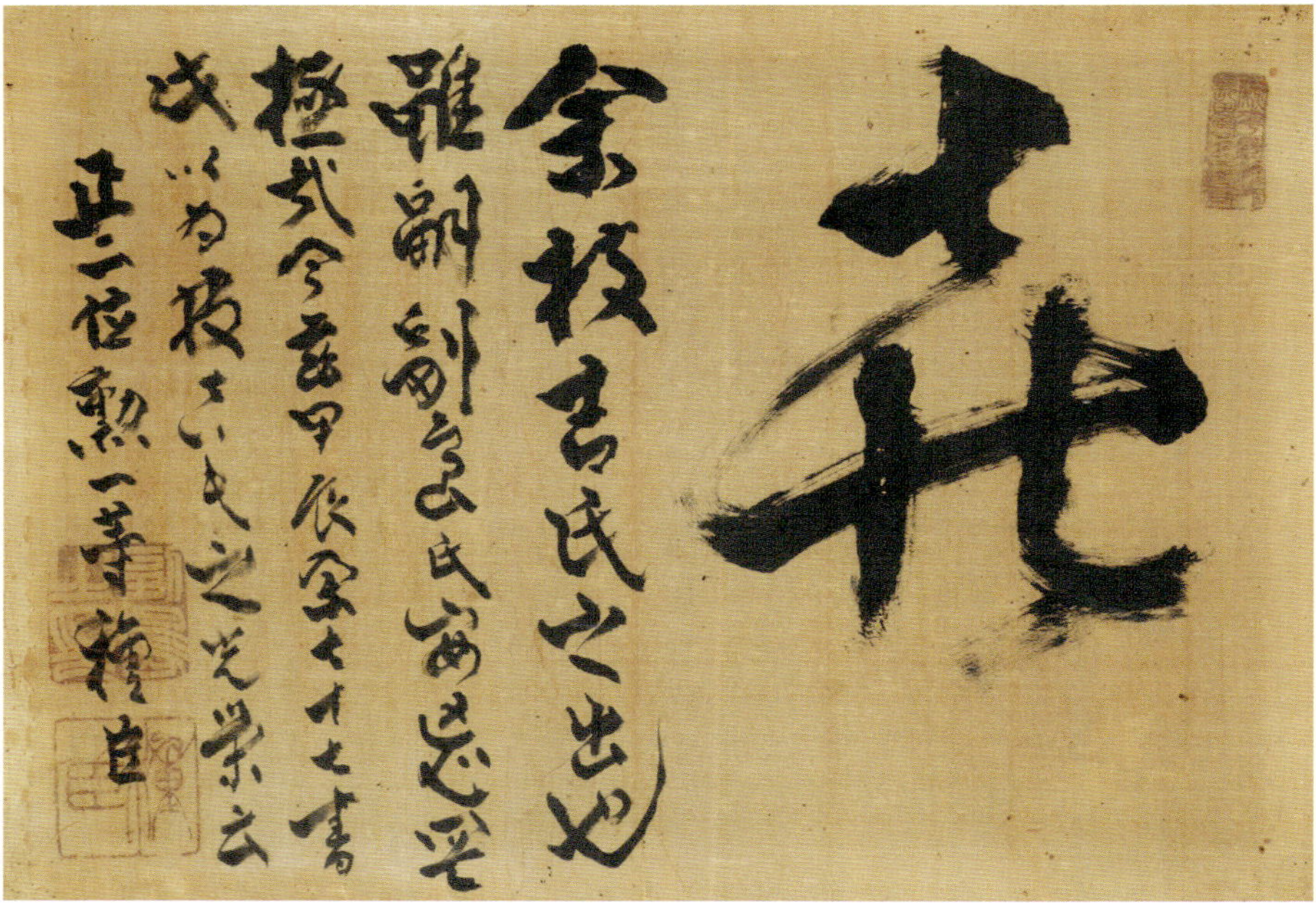

副島種臣書「喜」

喜。
余枝吉氏之出也。
雖嗣副島氏。安忘罔
極哉。今茲甲辰朶七十七。書
此以為枝吉氏之光栄云。
正二位勲一等種臣。

## 一君論の発見

嘉永六年（一八五三）六月、アメリカ東インド艦隊のペリーが軍艦四隻を率いて浦賀に来航、国内は上から下まで大騒ぎになったが、時をおかず、翌七月にはロシア極東艦隊のプチャーチンがこれも軍艦四隻で長崎に入港した。すでに長崎の港外の四郎島、神ノ島などに大砲装備による防衛線を敷いていた佐賀藩は、臨戦態勢を整えていた。穏便な行動をもとめる長崎奉行に対し、現場をあずかる佐賀藩は「奉行所之義、御番方之義別而御不案内」（「伊東次兵衛出張日記」）、つまり長崎奉行所は長崎湾の防衛のことがまったく分かっていないと思っていた。実際に警備にあたれば、相手方がどう出てこようが臨機応変に対処しなくてはならない。穏便だけで行けるとはかぎらない。

二百年以上にわたり佐賀藩は長崎警備を行ってきたとはいえ、オランダ人以外の西洋人にはほとんど接したことはなく、イギリスのフェートン号に関する苦い失敗もあり、しかも今回のロシアは大砲で装備された軍艦で押し寄せていた。実地の防衛線を守る佐賀藩はすぐにでも飛びかかられるような態勢であり、緊張するなというのは無理であった。このような状況は頻々と佐賀にも伝わっていた。

神陽はこのときに「擬論俄羅斯王詔（俄羅斯王《おろすおう》を諭《さと》す詔《みことのり》に擬《ぎ》す）」を書いている。これは日本の天皇の詔になぞらえて、ロシア王に対しその無謀を諭したものである。当時日本で、天皇の詔という視点に立って文章を作った儒者・国学者がいたであろうか。これを読んだ者は、その気宇の大きさに驚いたのではなかろうか。長いので要所を記す。

初めに、我が大祖天照皇大神はあまねく全世界を照らし、天孫瓊瓊杵尊《ににぎのみこと》に勅して、豊葦原中国《とよあしはらのなかつくに》（日本）を治めさせ、少名彦《すくなひこ》に勅して、外に万国を造らせた。そして、華夷の性を定め、尊卑の等を別け、内外の分を正した。そのようにして今の天皇である自分の代に至った。また、文化元年に長崎にきたロシアの使節が、通商を断わられ、東北（樺太・択捉の番所）を襲撃したことを振り返る。このような無道なことをするなら、その刑が正しく行われるだろう。天皇である自分は、汝《なんじ》ら君臣が分別なく無知で、たちまち殺されるようなことになることを悲しむ。汝に、そのよこしまな心を改めることを諭したい。いにしえから人の財を奪う者は人に財を奪われ、人の国を利する者は、また人その国を利するものである。もし汝が、その貪る悪心を改めなければ、汝の属国や陪臣が必ず汝をまねて、汝の領土を取ろうとするであろう。いわんや汝と角を突き合わせ、牙を接しているアメリカ、フランス、シナ、イギリスをやである。自分は国民を大切に思うので、戦役を望まない。しかし、もし戦うことになれば、太政大臣藤原朝臣、征夷大将軍源朝臣（徳川将軍）が武備を外に敷いている。また肥前守藤原朝臣（佐賀藩主鍋島直正）、美濃守源朝臣（福岡藩主黒田長溥）が要地を守って、貔貅《ひきゅう》（勇敢な兵隊）十万がいる。二百六十の大名がいて、国境に並んでわが国の守りを為している。もし汝がよこしまな心を改めなければ、天兵は雲の如く起こって、鋭い剣を佩び、鋭い矛を建て、雄叫びを挙げ、一挙して汝が使者の首を梟《さら》し、再挙して深く汝が国に入り、三挙して汝の都ペテルブルグを廃墟とするであろう。汝、あなどるなかれ、再びは言わないぞ、というような主張である。

当時神陽は三十二歳、プチャーチンが軍艦四隻を率いてきたというだけでも大きな議論となったであろうが、それに対し、天皇の立場、日本の伝統的な立脚点を踏んで、その立場から考えることを示した文章は、若い門下生たちを瞠目させたのではなかろうか。

さらに、この「擬諭俄羅斯王詔」で特筆されることが二つある。一つは、「それ八隅《はちぐう》の国、八隅の海、もとより我に非ざるはなし」という言葉である。八隅とは全世界である。これは冒頭の「我が大祖天照皇大神《あまてらすめおおかみ》、遍《あまね》く八極を照臨す」に対応している。八極も全世界である。天照皇大神のときから、世界に臨んで今に至ったという考えである。であるから、「天祖の眷《いつく》しむところ、すなわち汝俄羅斯、また我に非ざるなく、天祖の育民なり」となる。ロシアの国民も、広く天照皇大神が育くまれた民であるという考え方である。父南濠の日本一君論は、日本の中での一君の理解で良かったが、嘉永以降の欧米が迫りくる神陽のころには、世界の中で一君たる天皇をどう位置づけるのか、万国の中の一国の一君でよいのか、などという問いに答えを出さなくてはならない時代となった。人は時代の子である。神陽は最も早くこの解答に取り組んだといえるであろう。

二つ目は、防備に対する考え方である。後述するように、この五年あと、神陽は朝廷に廃幕を献言する。しかし、この時点では、幕府があって、その将軍により日本国を防衛するという考えで、幕府とその下の大名によって体制は維持されている。一君の考えはあっても、廃幕という考えはないことが分かる。まだ幕府の実力に期待していた。

## 楠公を祀る義祭同盟

江戸から帰った神陽は、同年の友人相良宗蔵から、楠木正成・正行父子の木像が佐賀城の南郊外にある梅林庵にあることを聞き、志に賛同するものを募って楠公父子を祭る楠公祭を行った。この木像は、二代藩主鍋島光茂の頃の藩士深江《ふかえ》信《しん》渓《けい》が寛文二年（一六六二）に発願して、奉加帳をまわし資金を募り、京都の仏師法橋宗而《ほっきょうそうじ》に依頼して、翌年完成させたものであった。正成一党が討ち死にした摂津湊川の戦跡は、「摂州兵庫の塚を見れば、草木を上に植えたるのみ、浅ましきかな」（『楠公義祭同盟』）という状況で、まだ当時は正成が顕彰される時代ではなかった。信渓はこれを嘆き木像をつくり、楠公父子を祭った。真の忠孝を具現した人として崇めたのである。信渓の発願は、水戸光圀が湊川に正成を称えて碑を建てる三十年前のことで、正成を祭るものとしては最も古い。ただ、今のべたようにこの当時は、楠木正成は忠孝の手本であり、幕末期のように討幕の象徴として見られていたわけではなかった。

信渓発願の木像はところを替えながら、幕末には梅林庵にあった。そこで神陽は、この木像をふたたび祭って楠公祭を主宰した。祭主となったのは信渓の子孫深江俊助であった。このとき集まったものは三十八名。神陽の弟次郎（種臣）、従兄弟の木原義四郎、島義勇、中島和三郎、友人の横尾小次郎、その弟犬塚与七郎、門下の大木幡六（喬任）、竹野作之進、片岡（長尾）新九郎など、神陽の身

楠公父子像／佐賀市・楠神社蔵

近なものが集まった。参集者名が記された連名帳が江戸期のものは九年間分あり、都合百十名が記されている。参加一回のみの者もあれば、全九回参加した者もいる。若者が多いことは言うまでもないが、そのほかの特徴として、蘭学・洋学に秀でたものが参加していることが上げられる。

学問や武芸について厳しい達成目標を定めた文武課業法で、蘭学四段の大庭玄之進、蘭学寮で学んだ小出千之助、本島喜八郎、江藤又蔵（新平）、石丸虎五郎、大隈八太郎（重信）などがおり、このうち小出と大隈は蘭学寮の教官となり、安政二年に長崎海軍伝習に派遣された本島は砲術と算術、石丸は造船と騎馬などの西洋軍事を学んでいる。慶応年間には長崎で副島次郎（種臣）、小出、大隈などは佐賀藩の英学校（蕃学稽古所、のちの致遠館）を監督・指導した。万延の遣米使節には小出と本島がポーハタン号で渡米しており、慶応元年に石丸はイギリスへ密航し、慶応三年のパリ万博には小出が参加している。このほか、安政四年に蘭学寮入寮を命ぜられたものの中では、吉村謙助、小代清八、馬渡豊吉郎、久池井虎吉郎、山口権六などが義祭同盟に名を連ねている。義祭同盟の連名者には西洋学に関わる者が多く、指導的立場にある者もいた。尊王派は、攘夷を唱え、蘭学・洋学を蛇蝎のように嫌う傾向があったが、義祭同盟においては、この図式はなりたたない。長崎台場を守ったり、洋式軍艦に乗船したりする機会もあり、実際の列強の実力を知る佐賀藩は、自国を欧米と同レベルに引き上げてこそ、はじめて攘夷が可能となると考えていた。

直正は、列強から侮りを受けないための道は「鎖国自守を去つて、よろしく海

蕃学稽古所の佐賀藩士たち（慶応三年）右から、中山彬、中野健明、大隈重信、堤董信、小出千之助、相良知安、副島種臣、中島永元、副島要作

外に雄飛発展すべし」と考え、それを藩内に知らせるため、増田忠八郎に命じて『船考』を編纂させた。その序文を神陽は万延元年（一八六〇）に書いている。そこには素戔嗚《すさのお》尊のいわゆる「浮宝」は「巨艦大舶」の意であること、平安時代の承和のころも新羅の船を模してさらに大きく造ったことなどをいい、「攻めるを以って守りとなす」という考えを述べ、鎖国は万全の形であるように見えて、進取の勢いがない。みずからを守ろうとして外国の侮りを受ける。だから中将公（直正）は船を造ることに心を尽くされていると、鎖国を否定し、この書を版行して全国に広めることを増田に勧めている（『鍋島直正公伝』）。

義祭同盟のメンバーには、弘道館の最優秀段階である「文学独看」の者が三十三名を数える。学問優秀者であるため、遊学生に選ばれた者も多い。ちなみに全国から選りすぐりの秀才が集まる昌平黌へは、枝吉神陽を筆頭に、重松基右衛門、森川武五郎、相良平作、岩村右近、前山清一郎、木原義四郎、実松郁一郎、長森伝次郎、犬塚与七郎、坂部晋三郎、中野方蔵、深川門作、吉村謙助、山口権六、木原萬五郎、久米丈一郎が入門している。昌平黌の『書生寮姓名簿』によれば、弘化三年以後の入校者は佐賀藩出身者が最も多く、中でも義祭同盟参加者の多さが目立つ。副島種臣は京都、空閑次郎八《くがじろはち》は熊本などに送り出されている。これらの者は他藩の俊才と交わり、いろいろな意見を交わし鍛えられるのであるから、見聞の広さからも井の中の蛙ではなかった。

義祭同盟には、家老・親類など藩役職の家柄の者も参加した。とくに請役家老（執政）鍋島安房は早くからこの尊王同盟に賛意を示した。安政初めの義祭同盟の存在は公許であったといってよい。鍋島安房は直正の異母兄で、行政のトップの請役家老を永年務めた人物で、弘道館の頭人でもあった。「学校教育に於ては意中に貴賎の階級を認めず、青年書生と対座談論して毫も墻壁を設け」（同前）なかった。嘉永六年から参加した安房は、鍋島家の鎮守である龍造寺八幡宮に小社を建てて祭り、奉加帳に賛同した二代藩主鍋島光茂の遺意を継いで、諸侍の鑑としたらどうであろうかと神陽に相談し、祭祀は龍造寺八幡宮に移ることになった。京都吉田家から「玉串納の免許」を受け、正式に安政三年（一八五六）から神式での祭祀が行われるようになった。続いて直会《なおらい》（祭典後に神饌などを頂く宴会）では活発な議論が遠慮なく行われた。安房が参加してから「いよ〳〵活気を生ぜしが彼は寛縦自由を許し、高談風発多少耳を傾くるに足る説あれば甚だ之を喜べり」（同前）という状況であった。久米邦武はこれを、他藩の脱走浪人、禁固切腹などと比較して、佐賀は破綻なく、よく統一を保ったと評価している。

安政五年に、神陽は楠公祭文を捧げた。ここには、楠木正成・正行父子が奮闘戦死した歴史が簡潔に述べられ、後醍醐天皇を助けるということを誰も「敢へて克《よ》くする無」きとき正成は立ち、正行も「衆を撃つに少を以て」して敗死した。これは尊王における義の行動であり、歴史にこの二神のような人は少ない。だから「二神を思ひ、義を慕ふこと極り無」いのである。一族が身を捨てても行った皇室に対する義（正しき行動）を、神陽は讃美した。後醍醐天皇の理想は天皇親政にあり、幕府を否定した。義祭の席上、当然、話はそこにいたることもあった。「相良宗左衛門も、枝吉と一致して楠公義祭を創め、而して其席上、廃幕に継い

昌平坂学問所（明治初年）
長崎大学附属図書館蔵

で廃藩となるべしてふ論は、委曲に討論せられしが、公（直正）亦《また》陰に之を了知せられ、学識ある者もみな之《これ》をいひ、只《ただ》時期如何を顧みるのみなりき」（同前）と記されたように、義祭同盟では、藩の執政の前で、公然と廃幕さらに廃藩の議論までが行われ、それはいつになるかという時期の問題と見られていたのである。

## 神陽の門下生

義祭同盟や弘道館で神陽の薫陶を受けた者たちが明治維新政府に参加し、枢要な地位に登り、いろいろな政策に新機軸を打ち出し活躍したことはよく知られている。しかし、もし存命であったなら彼らとともに、あるいは大いに活躍したであろう空閑次郎八、長尾新九郎、竹野本暠《たけのもとてる》などの門下生もいた。

竹野本暠は神陽がもっとも期待をかけた門下生である。天保四年（一八三三）生まれ、大木喬任より一歳下、江藤新平より一歳上である。神陽とは十一歳離れていた。先に述べたように、江戸遊学期、神陽は、ともに古芸文研究を志した赤石興民に大いに期待していたが、興民は早世してしまった。神陽のその落胆を埋めるがごとく門下に現われた才能が本暠であった。本暠も師事できる先生は神陽だけだと思い、奮励努力を重ねた。神陽をして「もし、子（本暠）に年を仮《か》さしむれば、すなはち、能く後世に伝はりて、不朽《ふきゅう》なること疑いなきなり」（「竹野本暠詩巻跋」）と言わしめた人物である。未完の大器のまま二十二歳で、帰幽した。神陽とともに本暠の霊を慰めるため集まったもの十一名の名を神陽は記している。そのうち、長尾新（進）九郎、小出千之助、池田文八、坂井辰之允、石丸虎五郎

（安世）、長森伝次郎、江藤又蔵（新平）、早田栄橘の八名は義祭同盟に参加した仲間であった。

江藤新平は神陽より十二歳年少で、深く神陽に傾倒していた。副島種臣は「江藤新平の如きは、（神陽に）ズット何も彼も残らず質問した」（『副島先生蒼海閑話』）と言っている。あるとき、新平たちは神陽のところに行って、『書経』の講義を聴こうとした。神陽は講義にあたり、『書経』では堯《ぎょう》と舜《しゅん》（古代中国の二人の帝王）の大きな徳というべきは、どこにあると考えているのか、と聞いた。新平たちは『書経』を研究したものの答えに窮した。神陽は、一芸一能に秀でてはいても喧嘩口論ばかりする未熟な家臣たちが、堯・舜のもとでは同心協力して一生懸命仕えていることこそ、自分たちが学ばなければならないところだ、と教えた。江藤はこの教えを深く心に覚えていたものであろう、明治六年の参議たちの征韓論争のとき議論が紛糾するのに際し、「余は今に於て、初めて枝吉先生の書を読んで、着眼の非凡なるを知れり」と語ったと伝わっている（「徳久熊本県知事の談話」）。

大隈八太郎重信は、天保九年（一八三八）生まれ、神陽より十六歳年少である。八太郎と神陽の縁ははやい。神陽の家の仕事をしていた家僕の甚蔵という人物が、枝吉家のつぎに大隈家に仕えた。甚蔵は、幼い八太郎を連れて、おりおり枝吉家に行っていた。「丁度私は子供の時分に此甚蔵が抱いて時々枝吉先生の所へ行く、行くと小さい子供であるから可愛がる」（「蒼海副島先生」東邦協会会報一二一号）と大隈は語っている。八太郎が弘道館を退学したとき、すぐに神陽の門をたたいたのも、こういう縁によるのだろう。神陽は八太郎に令や書紀、古事記を教えた。講義も聞いたであろうが、書写し暗記する課題が与えられた。本居宣長の古事記伝もこのころ読んだという（『早稲田清話』・『東西文明の調和』後序）。また、以下のように述べている。

枝吉神陽先生、是も実はまだ少しく年は若いが抜群の学識と且つ不抜の勇断とを以て嶄然《ざんぜん》（ひときわ高く）頭角を現はした為に当時十分に志を得なくてはならぬ筈だが、其《その》人物が餘《あま》り偉大であるので、藩と云ふ規模の小さい器には此《この》偉大な人物を十分に容《い》るゝこと能《あた》はぬと云ふ如き有様であった……

（「蒼海副島先生」）

副島種臣が「当時此人（神陽）は一番佐賀の人心を起した人である」（『副島伯経歴偶談』）と言うように、神陽は当時の青年たちの仰ぐべき師表となっていたのである。

神陽の教えを受けた者には、二十歳以下の年少者もいた。江藤たちより後輩の徳久恒範の回想に「（枝吉先生は）中々柔らかな人であつて、道づれなどすると、種々の話をなし、又、小供が遊んで居ると、『ワサンナー、ドコノムスコロー』などいうて、頭を撫でゝ通られた」とあり、神陽が幼いものを慈愛の目で見ていたようすが窺える（「徳久熊本県知事の談話」）。もう一人年少者を紹介しよう。

今泉利春、通称源治。名を源泰と改め、佐賀城下郊外の嘉瀬にある鍋島家の祈

今泉利春、今泉みね
今泉みね『名ごりの夢』平凡社

願寺徳善院に僧となっていた。そのころ、藩士と寺院の間に論議があり、寺院側の代表として源泰が出て、その弁論が評判となった。以下、今泉の妻となった幕府の蘭医桂川甫周の娘みねは次のように述懐している。

> ある時藩中のお侍と坊さん達の間に大論判がございましたが、お寺の方の代表に源泰がなってとうとうと論じましたので、そのことが藩中の評判になりました。当時天下の大学者だった枝吉神陽先生が殿様に事情を申し上げましたところが、閑叟公はそういう者を寺に置くのはいかにも惜しいとおっしゃって、別にまた一つ今泉家を建てさせて下さいました。（中略）枝吉先生はまるで親のように愛して下さっておりましたが、先生の門下にはその実弟の副島さん（種臣）をはじめ、大木さん（喬任）、大隈さん（重信）、江藤さん（新平）のようなおえらい方々があつまって、佐賀藩の尊皇論のさきがけとなっていらっしゃいました。枝吉先生のおなくなりになる時に副島さんに利春を頼むと御遺言なさったそうで、その後は副島先生と夫とは同心一体のようになって、枝吉先生の尊皇の大精神をうけついでまいったそうでございます。維新後まもなく夫は抜擢されて、伊万里の藩（旧佐賀藩）の権参事格につきましたが、その時副島先生のおよろこびと言うものは一通りでなく、御秘蔵の天国の大刀をお祝いにとおっしゃって夫に下さいました。
>
> （『名ごりの夢』）

今泉利春は神陽没時の文久二年は十九歳である。明治二十年（一八八七）高伝

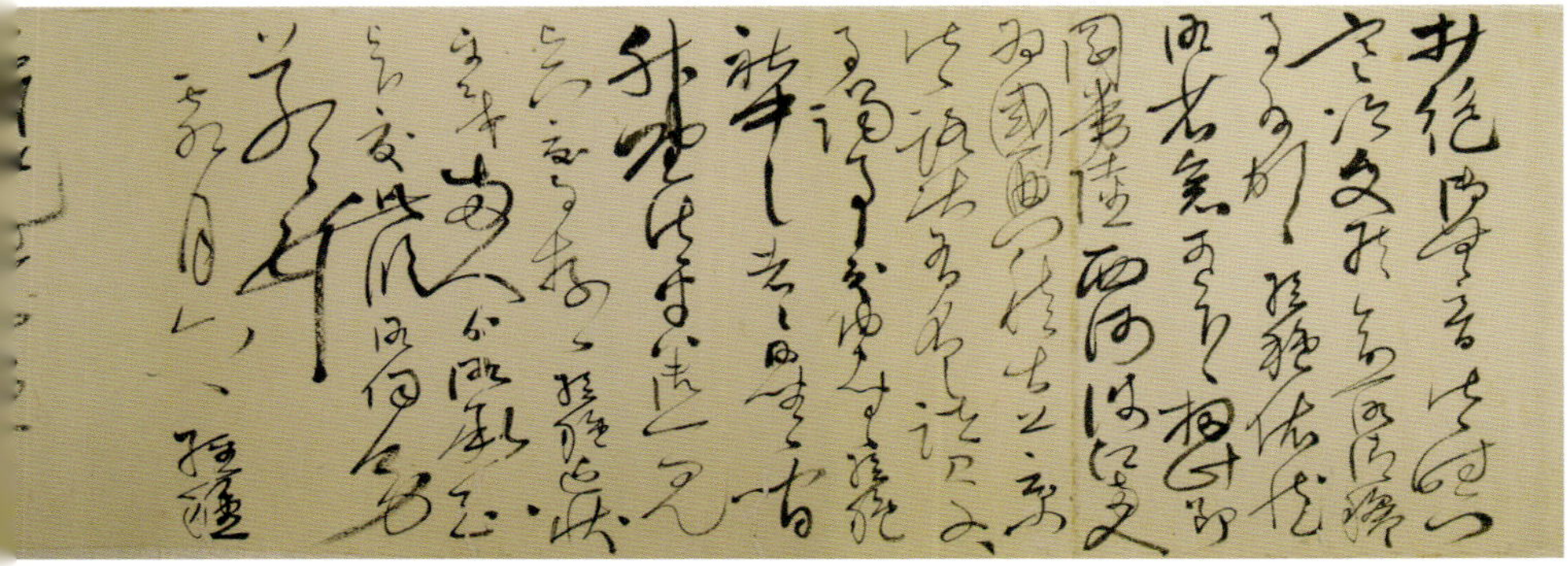

寺に建てられた「神陽枝吉先生碑」の建設者三十六名の内の一人でもある。

## 神職の門下生

佐賀藩の神職であった藤原貞紹《ふじわらさだつぐ》が、交友のあった京都の六人部《むとべ》是香《よしか》（平田篤胤に学んだ国学者、京都向日神社の神職）に送った安政二年頃の手紙には、弘道館の西側にあった石火矢方の使っていた三間（約五・四m）に二〇間（約三六m）の建物を神学館として使う願いが許可されたことを伝えている。神学館は神学寮とも呼ばれ、嘉永七年（一八五四）八月十日に開校した国学を学ぶ神職の教育機関である。安政二年（一八五五）二月に、この神学寮の心遣に命じられた牛津の乙宮社の西川《にしかわ》参河《みかわ》の日記によれば、その年の八月二日、藩領全部の社人六十余人を対象に、藩の奉行など役人の立ち会いのもと「お試し」（試験）があった。どのような試験かは分からないが、四十余人が参加、素読を行っている。不参加者は次回八月二十七日に試験がある予定で、「ひとりも残らずお試しござ候こと」とあるので、逃れることはできなかった。当時は弘道館や医学寮が文武課業法などきびしい試験で鍛えられていた時期である。神学寮も別格ではなかったようだ。南里有隣と親しかった神陽もここで教えていた。岡山の儒者阪谷朗盧は草場船山へ宛てた手紙の中で文久元年（一八六一）に枝吉の門人の神主淡路守（西川）須賀雄と常陸介生胤を自邸に泊めたことを書き送っている（『草場船山日記』荒木見悟氏解説所引書簡）。西川などは、神学寮での神陽門下と推察してよいのではないだろうか。神陽が日本の古典国書を深く考究したという弘道館内の皇学寮と、神学寮がどのような関係にあるかは不明であるが、安政年間、皇学寮と神学寮の二つがあったことは、神陽の門下石丸安世の相良宗蔵宛の明治十七年の手紙に「皇学寮幷に神学寮」と書かれており、両寮併存して国典が学ばれる状況であったようだ（「神陽先生顕彰碑の発起人石丸安世」）。

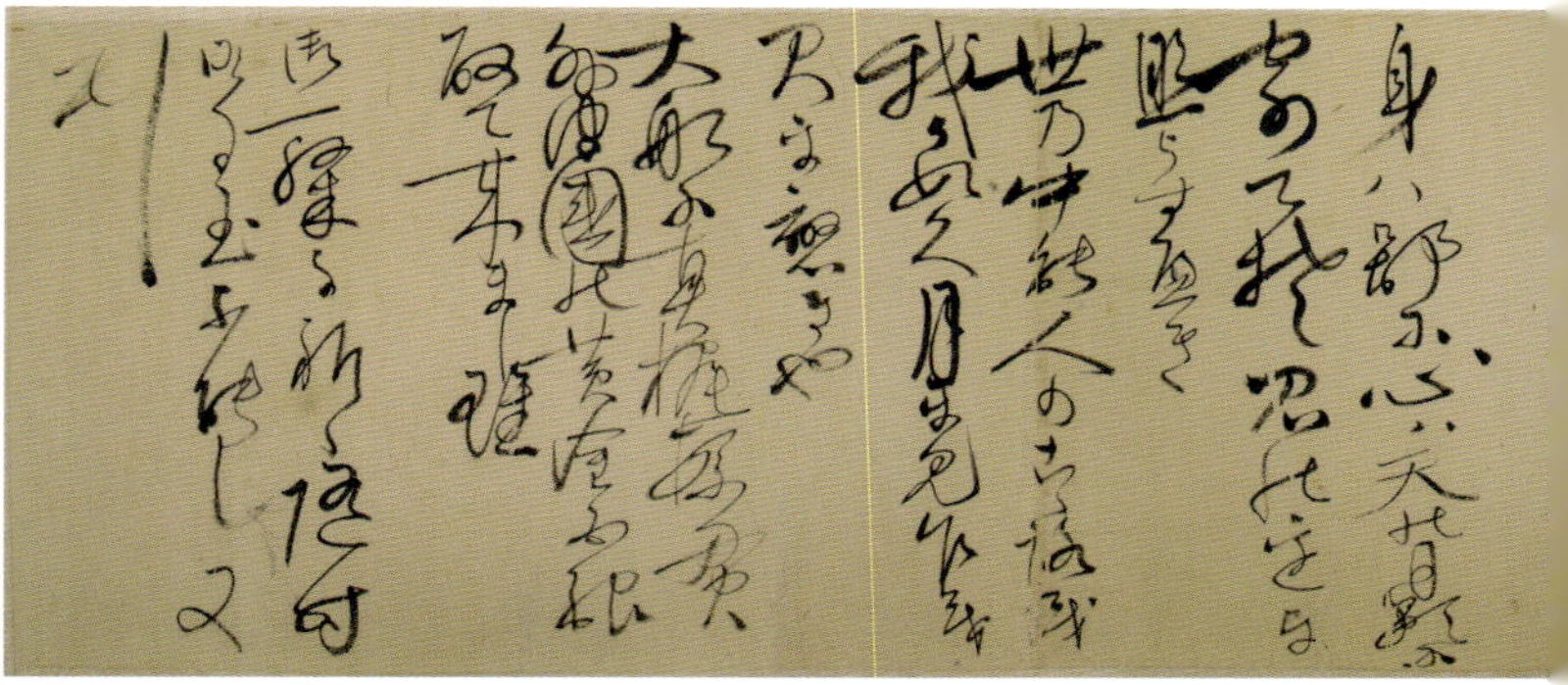

枝吉神陽：河野鉄兜宛書簡　五行めに岡常陸（岡吉胤）と西河波江（西川須賀雄）の名が見え、「国典稽古」のため上京する二人を、「経種（神陽）社中の者」と述べている／大阪大学懐徳堂文庫蔵

## 災害の死者を悼み嘆く

神陽が弘道館教諭になって二ヶ月もたたない嘉永三年（一八五〇）の七月十一日と八月七日、佐賀地方は大風と豪雨に襲われた。現在の佐賀市の山間部富士町あたりに山崩れが起こり、上流の土砂が押し流され、下流にあたる尼寺や平野《ひらの》の地は沼や沢のようになった。文政年間に襲った佐賀藩最大の災害といわれた子年の大風以来の大災害であった（『鍋島直正公伝』）。牛津の商人野田家の日記によれば、七月二十六日も大雨、翌二十七日は大水、二十九日大雨、八月一日大雨、二日大水で牛尾の小島が水に浸かった。三日もまた雨、四日も雨である。七日に大風となり、ついに川上の一の井樋が決壊して下流の家々が流された。嘉瀬川の土手を二、三尺（約六〇〜九〇センチ）の水が乗り越えてきた。古湯や熊の川から家が流れてきた。日記には「人の死ぬること数知れず」「かやうなる山汐出でること前代未聞のことどもなり」と記されている（『野田家日記』）。

神陽が現地にはいったのは八月二日である。二度目の大風が襲う八月七日の前であったが、すでに嘉瀬川より西は堤防が壊れて家も流されていた。その状況を神陽も「二百年来なきところという」と記している。村に入ると家々は水に浸《つ》かり、竈《かまど》に煙はほとんど立たず、屍《しかばね》が至る所で水に浮かんでいた。子は亡くなった父を弔うこともできず、父は死んだ子を嘆く余裕もない。「子はその父を収むるを得ず、父はその子を哭するを得ず、煩冤《はんえん》の気は昇りて天を干《ほ》せり。天の毒を降すや、まことに酷《むご》きなり」と神陽も天を仰いでいる。「煩冤の気」とは、どうしてよいかも分からず怨み悶えることである。それが地の人々から天に立ちのぼり満ちあふれているように神陽には見えた。いままで平穏に暮らしていた人々が、突然思いもかけない災厄に出遭う。なぜ天は罪なき人たちにこのようなむごい仕打ちを与えるのか。神陽は「天の毒を降すや、まことに酷きなり」と強い言葉で嘆かざるをえなかった。藩は倉を開いて備蓄米を出し、遺体の収容にあたった。神陽は現地の荒野で、簡素な酒と野菜を用意して、水害でなくなり溺れ死んだ人を祭り、歎きの言葉を捧げた。「あゝ哀しいかな、生まれてその生を楽しみ、死してその死を哀しむ、これ人情の常とする所にして、孰《たれ》かその揆《みち》を異にせん、なんぞそれ人の辜《つみ》ならんや」と。どうして彼らはこんな災害に遭わなくてはならないのか。だれを恨んだらよいのか。そのような気持ちが神陽に文章をつくらせたのであろう。その最後に「魂よ来たれ、尤《とが》となる勿《なか》れ」と結んでいる。横死した人々の魂に対して、怨まずに安らかに眠ってほしいと天に向かって叫んだ神陽の満腔《まんこう》の同情があらわれている。学問も才能も、また体力も恵まれていた神陽であるが、人の悲しみや苦しみに寄り添える心を持っていた。この愛ともいうべきこころが、神陽が人の師となり、人を指導できた真の理由であろう（「祭溺文幷序」）。

## 木原公裕を送る

安政三年（一八五六）十二月、弘道館内の篤信局の一階に別段寮が設けられた。篤信局とは、ごく少数であるが学齢期の家老クラスの子弟が弘道館で学ぶための学舎である。一般の武士の子弟の内生寮とは別個の建物であった。二階建の立派な造りで、安政三年のころは、直正の庶弟で倉町鍋島家の養子に入った鍋島文武、請役家老鍋島安房の息子鍋島茂朝など少壮の四人が学んでいた。藩はこれら将来、家格の上から必ず藩政を担って幹部となってゆく子弟を、学術優等な一般青年藩士と交わらせるため別段寮を設け、弘道館内生寮を終えた優秀者から三十余人を選び、ここに寄宿さすべく送った。義祭同盟の名簿にも見える中野方蔵、吉村謙助、山口権六（荒木博臣、のち森鷗外の岳父）、そして神陽の従弟木原萬五郎などである（『鍋島直正公伝』）。神陽の母方の木原家には従兄弟が四人おり、上から順に弘三郎（義隆）、義四郎（隆忠）、しづ（神陽妻）、萬五郎（隆武、公裕、のち多伊良家へ養子）といった。末の萬五郎が優等であったことは、この篤信局入寮のことからも知られる。

萬五郎は義祭同盟にも参加しているが、神陽も大いに期待していたと見え、万延二年（一八六一）三月、萬五郎が二十四歳で江戸へ遊学するとき、真情のこもる送別の辞を贈っている。そこには、四十歳を迎えてひとたび自分の人生を振り返ってみた神陽の偽らない反省の気持ちが述べられている。大意は、自分の従兄弟たちのなかでは、自分が最年長、公裕（萬五郎の字《あざな》〔別名〕と思われる）が最

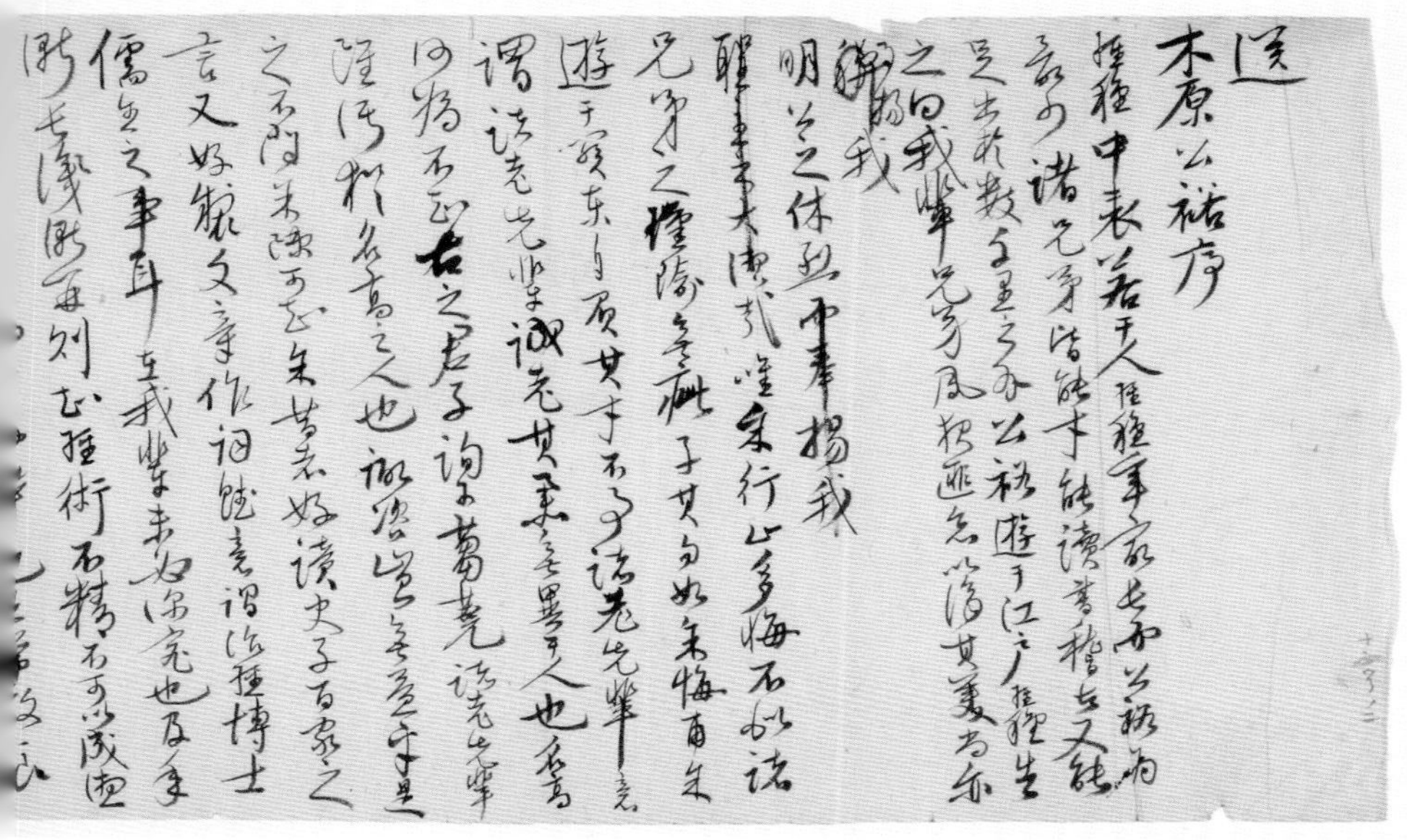
送木原公祐序

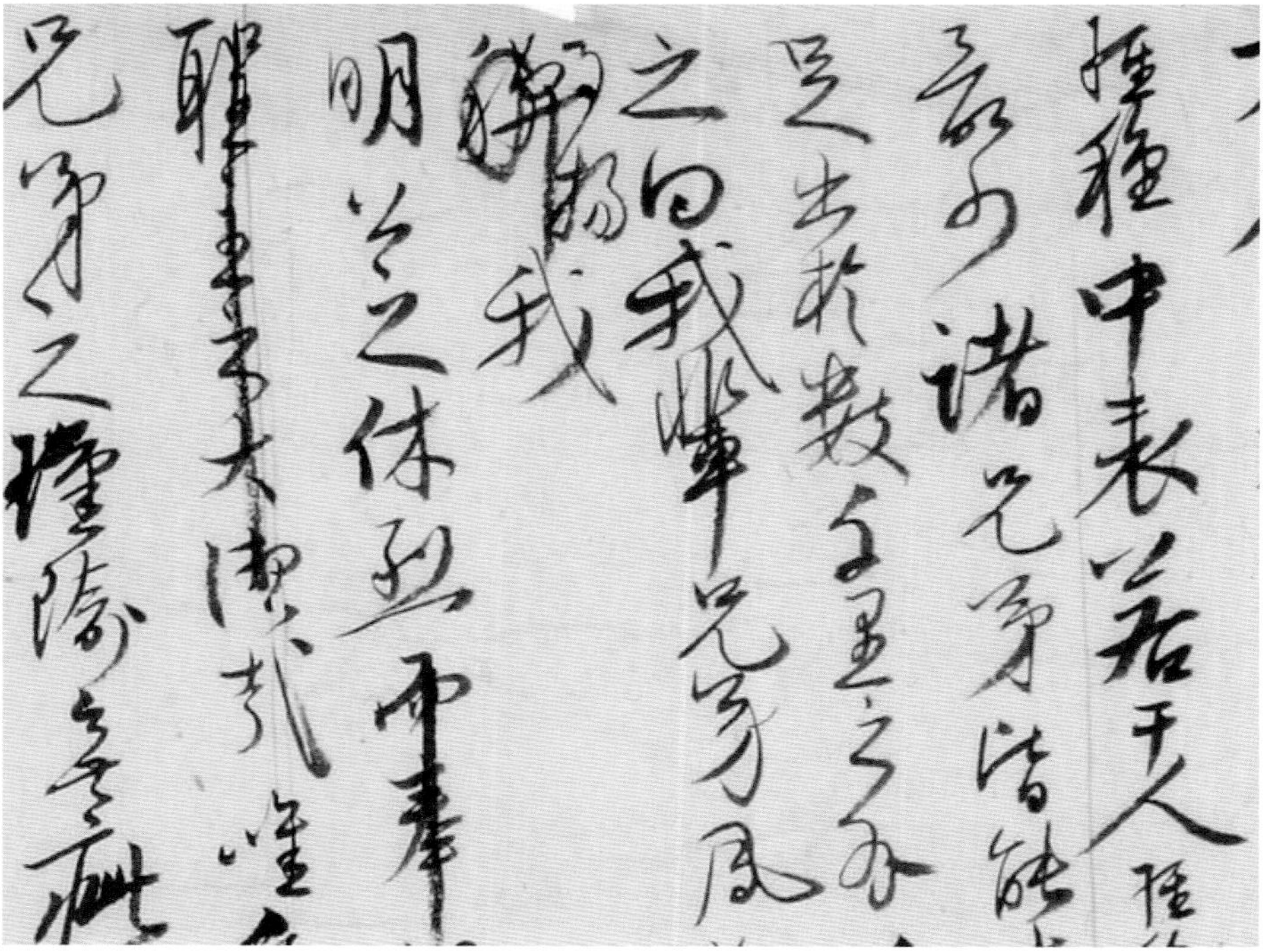

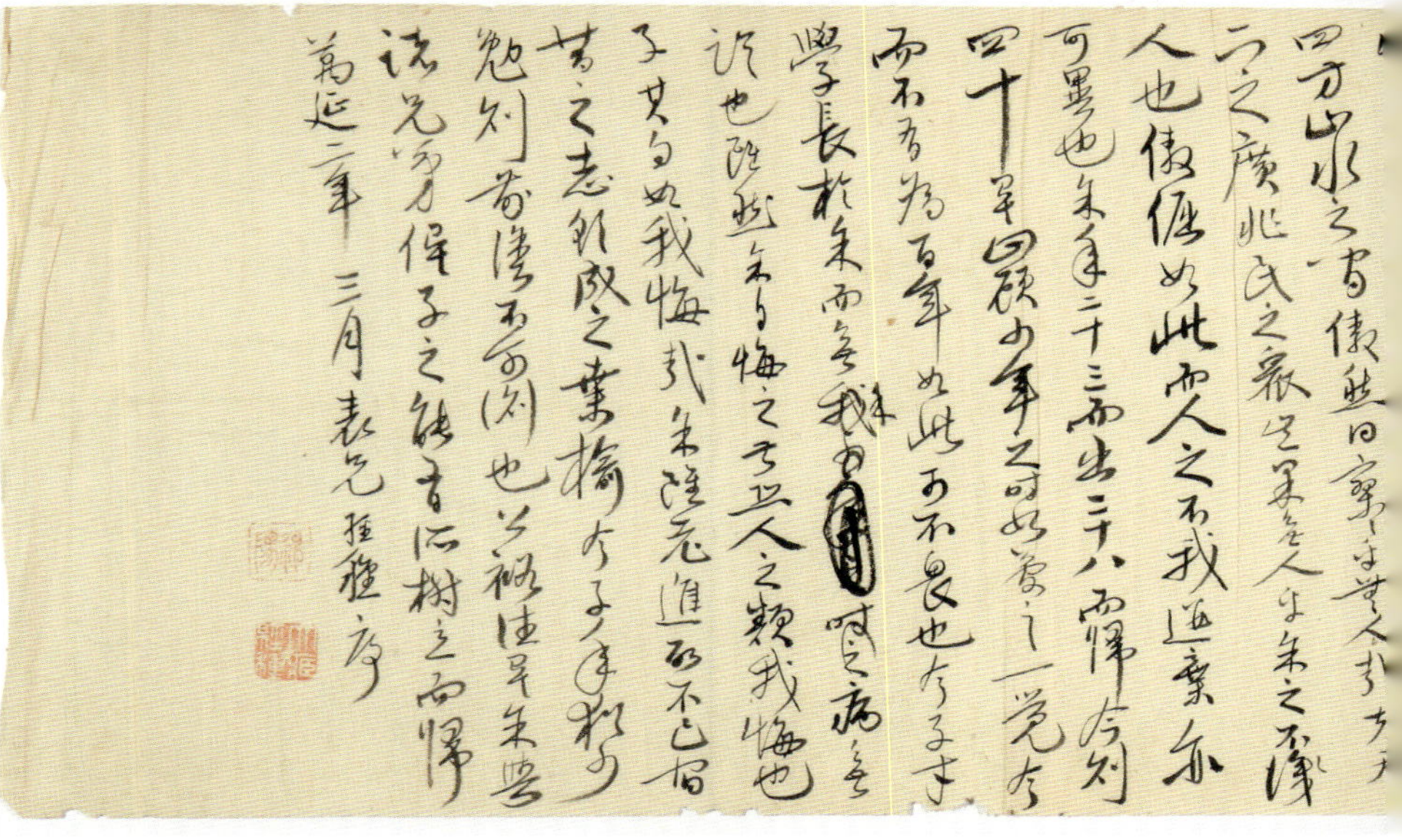

枝吉神陽書「送木原公裕序」

送
木原公裕序
経種中表若干人。経種年最長。而公裕為
最少。諸兄弟皆能才。能読書稽古。又能
足出於数千里之外。公裕遊于江戸。経種告
之曰。我輩兄弟。夙夜匪怠。以済其美。尚亦
了揚我
明公之休烈
哉。唯余行止多悔。不似諸
兄弟之瑾瑜無疵。子其勿如余悔。甫余
遊于関東。自負其才。不事諸老先輩。意
謂諸老先輩誠老。其挙無異于人也。名高
何為不知古之君子。詢于蒭蕘諸老先輩
雖汚猶名高之人也。諏咨豈無益乎。是
之不問。余疎可知。余昔者好読史子百家之
言。又好製文章作詞賦。意謂治経博士
儒生之事耳。在我輩未必深究也。及年
漸長。識漸開。則知。経術不精。不可以成徳。
悔初之攻異端。習浮華也。余常放浪
四方山水之間。傲然曰。寥々乎無人哉。夫天
下之広。兆民之衆。豈果無人乎。余之不識
人也。傲倨如此。而人之不我遐棄。亦
可異也。余年二十三而出。二十八而帰。今則
四十矣。回顧少年之時。如夢之一覚。今
而不有為百年。如此可不畏也。今子才
学長於余。而無余病。無
論也。雖然余自悔之甚。恐人之類我悔也。
子其勿如我悔哉。余雖老進取不已。宿
昔之志。欲成之桑楡。今子年猶少。
勉則前塗不可測也。公裕往矣。余与
諸兄弟。俟子之能有所樹立而帰。
万延二年三月。表兄経種序。

年少である。いま公裕は数千里の外に出て江戸へ行こうとしている。自分は公裕に告げて言いたい。従兄弟たちはみな日夜怠ることなく自己の務めを立派に行い、明公（藩主直正公）の功績を輝かさんとしている。ただ自分については、これまでの行いを顧みると後悔が多い。従兄弟たちの美玉のごとく完璧にして傷なき行いとは比較することができない。君は私のように後悔をするようであってはならない。そして神陽は、若いとき、おのれの才を頼み、諸老先輩にも従わなかった自己の軽佻さを語った。また、四方を歩き放浪して、「傲然として曰く、寥々として人無きや」自分が語るに足る人物はいない、などと人を侮っていたことを反省している。「傲倔此くの如き」、このように傲慢な自分を人は捨てずにいてくれた。このような「少年の時を回顧する」と、夢の中の世界から覚めたように思える。公裕、君は才学は自分の上を行き、自分のような傲岸さはないのは分かっているが、なお、「我が悔いに類せんことを恐るなり」として、公裕の門出にはなむけとしたのである（「送木原公裕序」）。公裕のために幾分、大げさに述べた点もあるかも知れないが、青年客気の頃の自分を静かに見つめ直す神陽の姿が浮かんで来る文章である。

神陽が没したのは、この一年後のことであった。徳久恒範は神陽の平生を述べて、「宴会の席などにて、老人より先きには決して席を立つことなく、老人帰る時は、自から下駄を揃へてやる等、実に感心な人であつた」（「徳久熊本県知事の談話」）と回想しているが、神陽は、後ろ姿から学ぶことのできる人であった。

大原重徳／京都大学附属図書館蔵

## 倒幕を説く

プチャーチン長崎来航の嘉永六、七年に神陽が「擬諭俄羅斯王詔」で述べた考えは、もし武力を使うことになれば、江戸幕府の将軍を頂点にロシアを退けるというものであった。つまり、この時点では神陽に倒幕の考えは芽ばえていない。しかしその後、安政三年（一八五六）アメリカ合衆国総領事ハリスが着任、翌四年には外国人の居住等に関する下田協約が結ばれ、通商条約の交渉が始まった。さらに安政五年一月には条約勅許を得るため老中堀田正睦が京都へ向かうという情勢であった。国内は、外国に対して国を開くか、攘夷に徹するかなど、いろいろな議論が沸騰した。従来は日本の外交は、幕府が自ら鎖国を決めて実施したように幕府の権限で行えることで、大名さえ口を挟むことはできなかったが、安政にいたり外国船が目の前にあらわれると、外交政策について一般の侍や処士までもが横議（思いのままに意見を主張）するようになった。安政五年五月はじめ、副島種臣は京都遊学から一時帰国していたが、その際、兄神陽と話し合い、六月に再び上京したとき、彼らの意見を朝廷に上申することにした。神陽、種臣は佐賀藩士ではあるが、君臣関係は日本一君論により天皇とのみ結ばれるもので、自分たちは臣下であるという考えであったので、国の危機に当たって、臣下として上奏することに迷いはなかったのであろう。

　種臣自身が述べたところによれば、神陽は種臣を尊王派の公家の大原重徳《おおはらしげとみ》のところに送り、「このときに乗じ、一度幕府を討滅し、国家の長年の衰運を挽回す

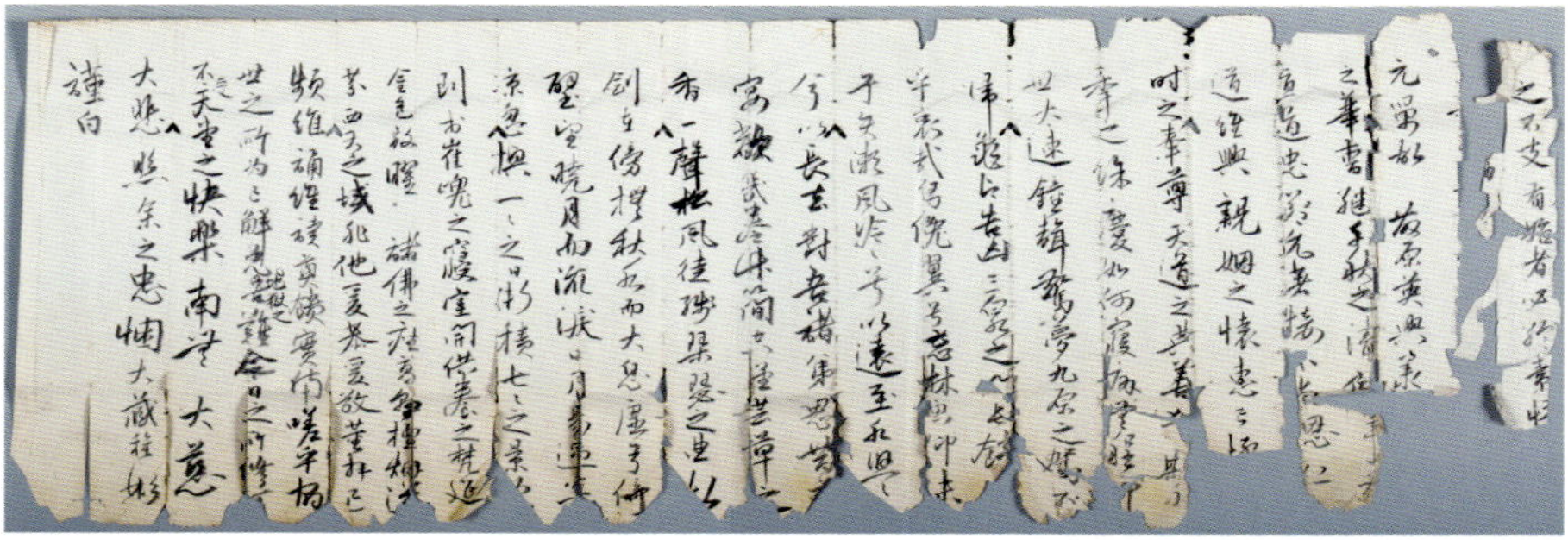

るのは、とても良いことではないでしょうか。そのあとに、開港鎖港の可否得失を朝廷政府で詳しく評議討論しても遅くないと思います」と進言させた。これに対し大原は、「これはお前のいうところを青蓮院親王殿下に奏しなくてはなるまい。殿下は今上天皇がお体の一部のように信頼されておられる方で、智慧と実行力がおありだ」といった。そこで種臣は青蓮院宮に上申したところ、宮に仕えていた伊丹蔵人より「肥前の軍隊はどれほど動かせるのか。五十か百かは京都に入れてもらいたい」といわれ、種臣は承諾した。種臣はのちに「私も諸生の軽はづみで承諾した」と言っているが、一介の京都遊学生に藩の兵力動員について確答を与えられる権限はなかった（『副島伯経歴偶談』「神陽枝吉先生碑銘」）。

　種臣の上申は当時としては、大原にとっても驚きの過激な意見に思えただろう。ただ、その意見を捨てず種臣のいうところを聴き、青蓮院宮にとりついだのは、枝吉兄弟や佐賀藩のすぐれた軍事力のことを大原はどこかで聞いていたからかもしれない。久米邦武は「倒幕論は是が嚆矢（物事のはじまり）なるべし」といっているが、神陽の考えは、「擬諭俄羅斯王詔」を草したころの、幕府を中心に攘夷に向かうという立場から、五年ほど後には、倒幕そして天皇親裁に向かうべしという立場に移っていたことがわかる。しかし、それはまだ理論の段階で、実行に移すには遠いものであった。

　種臣は佐賀へ帰り、佐賀城下の北にある三溝の大興寺に集まった義祭同盟の空閑、木原、楠田、大木、江藤、中野、大隈などに話を伝えた。久米もそのとき聞いたのかもしれない。種臣が大原重徳に上申した意見は、武力討幕のニュアンス

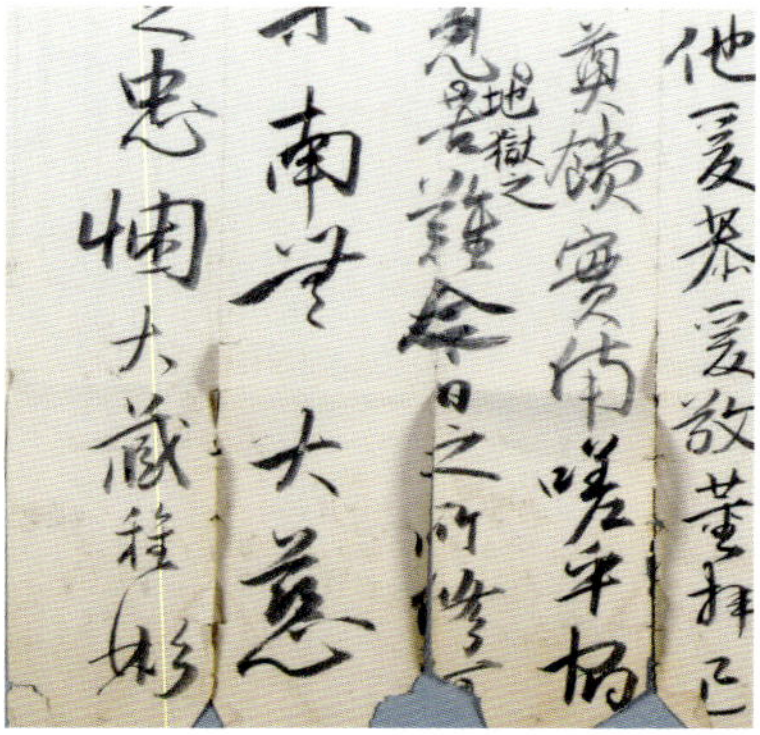

枝吉神陽書「悼藤原英興文」・同部分
佐賀城本丸歴史館蔵

ではなく、将軍宣下を廃して政権を朝廷に戻す廃幕の案であった。この話は藩内に伝わり、直正側近の増田忠八郎が神陽の家にやってきた。増田は神陽より七歳ほど年長の人物で、文学は独看、剣も目録に達した、文武に優れた人物である。水戸に学び、佐賀藩に水戸学の尊王思想の流れを入れた人でもある。増田は神陽と懇意であったので、神陽、種臣兄弟に、藩を通さず直接に日本の政治体制の大変革を京都の公卿に働きかけるとは、直正公を蔑《ないがし》ろにするやり方ではないか、と意見した。神陽は反論した。そもそもわれわれが朝廷を尊ぶということは、我が直正公が正しき義を行なっておられるということであり、それはすなわち鍋島家を重んじる道ではないか、と。増田の奉じた水戸の尊王思想は幕藩体制のなかでのものであったから、神陽たちの志士的行動は危険に見えたのであろう。他藩であったら断罪されていたかもしれないが、直正は、先の大興寺の集会を目附たちがあやしんで報告しても、「目今時勢の変動ある以上、青年書生の、学問研究の上よりさる事あるは、已《や》むを得《え》ざることなり、されば法を犯さぬ限りは咎《とが》むるなく放棄すべく、唯《ただ》独断の挙動をなして身を誤らざるやうに戒しむべし」といって許容していた（『鍋島直正公伝』）。

久米邦武は「佐嘉の議論は嘉永年間より尊王に定まり居り、唯天朝の政権回収を時期の問題となしたり」（同前）とし、神陽が種臣をして青蓮院宮に廃幕を建言せしめたのも「公（直正）の意を承くる者いふも可なるなり（直正公の考えで行われたと言っても良い）」（同前）といっている。幕末期の直正の側にあり、その思想に接していた久米のこの推察は尊重されてよいだろう。久米は、「諸藩で

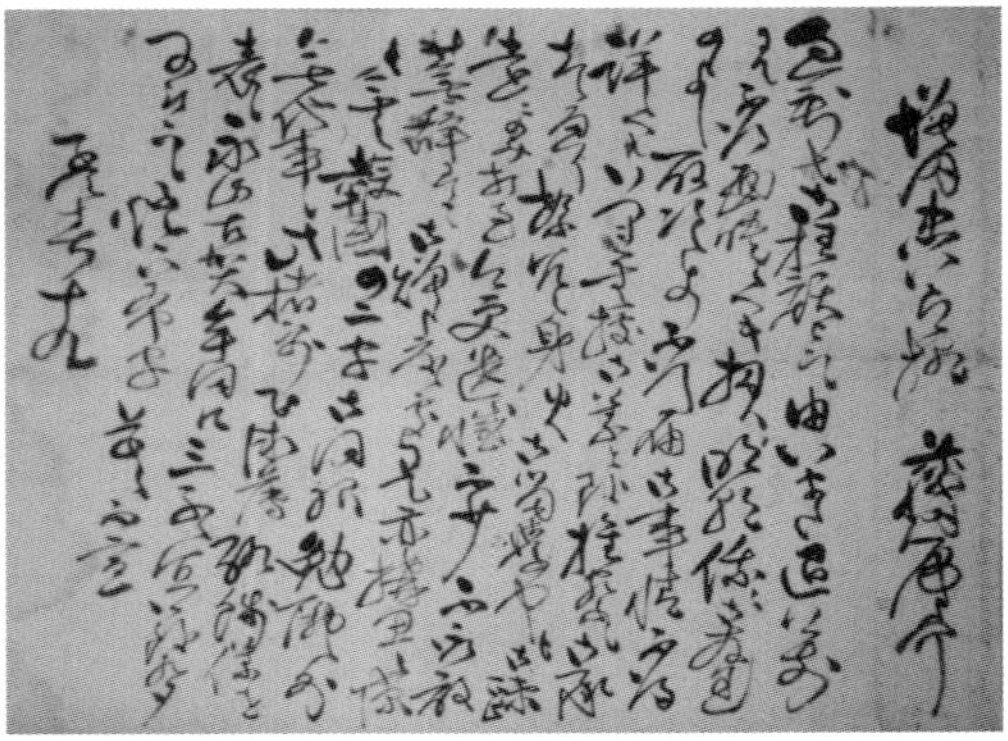

藤田東湖：増田忠八郎宛書簡
過刻は御枉顧被下候由、いまた退公前にて不得面晤候へ共、扨は明朝俄に御発途のよし、取次のもの不行届、御事情不得詳候へ共、いづれ無拠御義と致拝察候。御承知の通り繁冗の身ゆえ、御留学中も御疎遠にのみ打過、今更遺憾不少、不取敢蕪辞にても御贈申度候処、是亦構思之隙も無之、報国の二字御同様勉励の外、無他事候、此楮紙、乍微薄、聊餞儀を表候。永山、古賀、牟田口三子へ宜御致声可被下候。灯火布字草々不宜。孟春十九。藤田虎之介。増田忠八郎様。

は主義の相違から殺伐の争闘を演じたが、我が藩には種々な異説を懐抱せし者あつたに拘らず、毫も刑罰で主義を治むる事はなくて維新を迎へた」のは、直正が「人の思想を尊重して自由を与へられた」（『久米博士九十年回顧録』）からとしている。後世、ややもすれば『葉隠』の「死ぬことと見つけたり」の武断的な一面で評価される佐賀藩が却《かえ》って、志士的活動をした藩士を罰せず、生命を大切にあつかったことは特筆されてよいことだろう。

## 草莽の志士たちの交流

万延元年（一八六〇）五月下旬、秋月藩の志士、戸原卯橘《とはらうきつ》と海賀宮門《かいがくもん》が佐賀城下に来た。ともに儒学の素養も高い熱血の志士で、戸原二十六歳、海賀二十七歳のときである。戸原たちは城下の偃松亭《えんしょうてい》に草場佩川や神陽や種臣たちに迎えられた。「戸原卯橘事蹟」の記すところによれば、その二ヶ月前の三月に江戸で起きた井伊大老の暗殺事件、桜田門外の変が話題になった（『野史台』所収）。戸原も海賀も、この行動を義挙とみていた。神陽も、井伊は幼い将軍を欺き、幕府の政治を恣《ほしいまま》にし、朝廷を蔑《ないがし》ろにしたなど、つぎつぎに井伊の政策の誤りを述べ、忠義憤発してこれを討った十八名に罪はなく功があると考えるべきで、朝廷の法である律令に照らしても無罪有功であると、その著作「擬水戸浪人獄議」に詳しく論じているので、座は大いに議論が盛り上がったであろうと想像される。

そのとき草場佩川は兀坐《ごつざ》（静座）瞑目して、青年たちの舌鋒するどい論議を聞いていたが、やがておもむろに目を明け、七言古詩を示した。その詩には「庶士横議、徳音《とくいん》に非ず。学人は古人の心を獲《と》るを要す（その地位にない者がほしいままに議論することは、徳の備わるよい話には聞こえない。儒学を学ぶものは、古人が探究した心を極めることに努めることが大切である）」とあり、さらに末聯では「晩晷《ばんき》汗流れて眠驚きを発す。請ふ且《まさ》に端《たん》を更《か》へて風月を談ぜん（諸君の話を聞いていると、夏の夕方の日蔭になってきても暑く感ぜられ汗が流れ、うつらうつらしながら聞いていた私も、時にその議論に驚かされる。よかったら、話の糸口を替えて風月を談じようではないか）」と、彼らの意見には同調せず、儒者の世界に生きることが大切なことを暗に諭した。温容篤学の老儒佩川としては、いかに理由があろうとも、時の政府の首班である大老の暗殺を肯定する議論には与することができなかった。また佩川には、熊本の碩儒木下犀譚《きのしたさいたん》（韡村《いそん》）に学んだ戸原や、久留米や熊本に学んだという海賀の才を惜しむ気持ちもあったのであろう。

　翌文久元年（一八六一）五月十三日、戸原は枝吉杢之助（神陽）・副島二郎（種臣）両名に宛てて手紙を書いている。それによれば、まず佐賀城下を訪ねた彼らを小城まで送ってくれた礼を述べ、対馬表の騒動（その年二月に起こったロシア軍艦ポサドニック号の対馬占領事件）がどう展開しているのか、京都の情勢がどうなっているのか、教えてほしいという依頼を記している。ただこの手紙は、戸原が幽閉されたため、出されることはなかった。その後、戸原は文久三年十月、討幕の兵を挙げ生野代官所を襲うが敗死し、海賀は、その前年の寺田屋事件により、薩摩に送られる途中、日向で殺害された。有為の人材は歴史の渦にその跡を

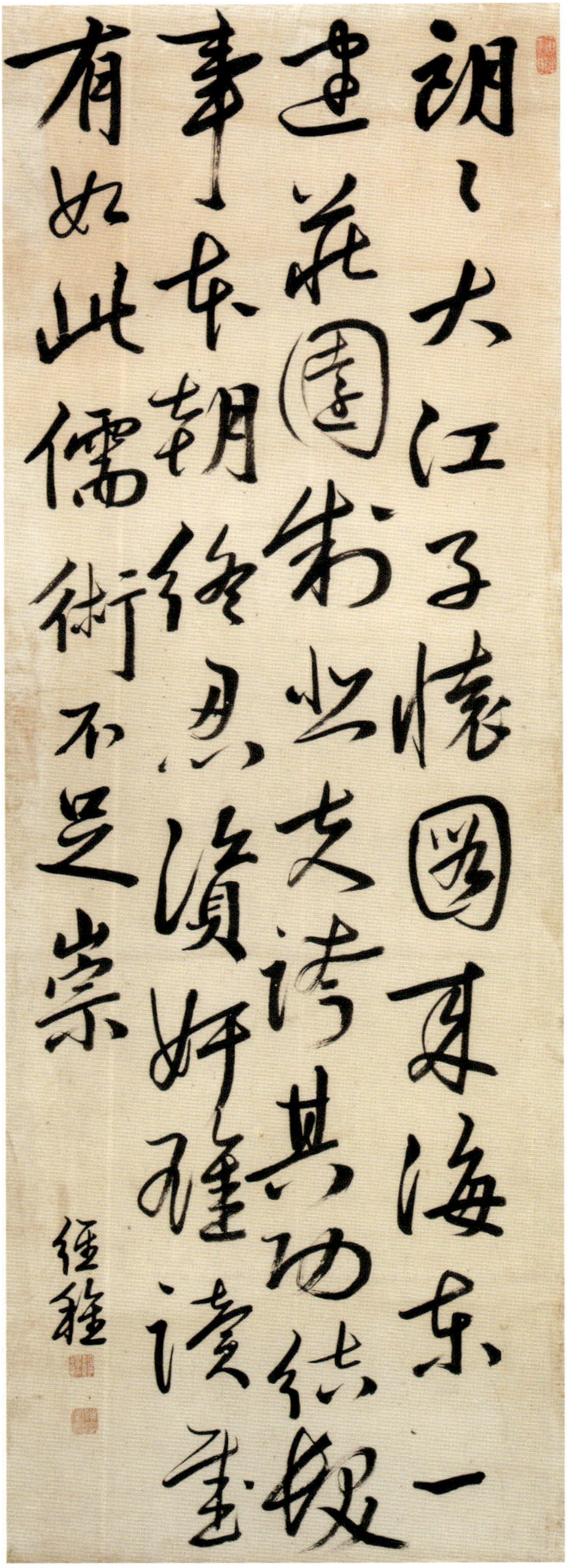

枝吉神陽書「鎌倉懐古・大江広元墓」　朗々大江子。懐図来海東。一建荘園制。悲夫誇其功。結髪事本朝。終忍資奸雄。読書有如此。儒術不足崇。経種。

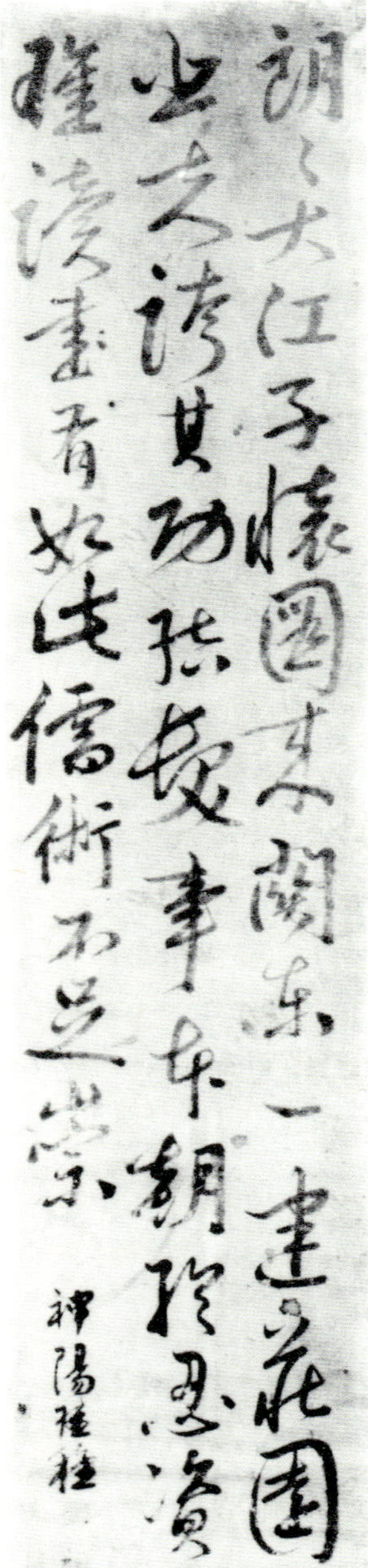

枝吉神陽書「鎌倉懐古・大江広元墓」　朗々大江子。懐図来関東。一建荘園制。悲夫誇其功。結髪事本朝。終忍資奸雄。読書有如此。儒術不足崇。神陽経種。
『佐賀先哲遺墨集』肥前古書刊行会

絶ったのである。明治二十四年（一八九一）、海賀が政府から正五位を追贈されたあと、副島種臣は「贈正五位海賀君招魂碑陰記」を草し、「両肥・薩・隅・二豊の諸藩を遊歴し、西郷、大久保、横井、長岡、枝吉の諸豪雋《ごうしゅん》（すぐれた人物）を求め、これと交り、尊王の大義を唱ふ」と記している。枝吉はもちろん神陽のことである。種臣は、兄を囲んで議論した万延元年の来訪を思い出していたのであろう。

久留米水天宮の宮司真木和泉守は、長州藩の久坂玄瑞らとともに禁門の変を指揮した人物である。水戸学を学び、深い学識をそなえた人物であったが、それ以前は、政争により藩の譴責を受け、抑えがたき尊王の思いを抱きながら、十年ほども筑後の水田の山梔窩《さんしか》に蟄居していたことがある。そのとき色々な人物が彼のもとを訪れた。筑前を脱藩して志士として活動していた平野国臣は万延元年九月に山梔窩の和泉守を訪い、翌年、薩摩の島津茂久上京を好機に京都で討幕の挙を起こそうとしていた。実際は茂久でなく、その父久光の上京となり、伏見寺田屋事件が起こることになる。

平野は久留米から佐賀に入り、無理をおしても鍋島直正に会おうとした。しかし直正は、すでに天子に拝謁するため出発していた。そこで、平野は神陽に会った。神陽は平野に向かい、政権を朝廷に返すことは藩主直正の本当の考えであるといい、その実行の機会があったら直正を奉じて朝廷のために尽瘁することを約束した。そこには、大木民平、江藤新平、古賀逸平らの義祭同盟のメンバーもおり、平野に斬新な意見をいったのであろう、平野は「肥前に三平あり」と他藩で吹聴したという。真木和泉守が久留米を出発したのは文久二年二月であった。その前年の十二月、真木和泉守の息子主馬は決起を来春に控え、賛同を求め交友していた江藤を訪うた。神陽は平野と面会したあと、すぐ江戸に出府していた。江藤にはまだ神陽にかわり義祭同盟のメンバーをまとめることはむずかしかったのであろう。佐賀の尊王派からの参加はなかった。

神陽が没して一年後の文久三年十一月、その年の八月十八日の政変で京都を追われた長州から、桂小五郎（木戸孝允）がその立場の弁明と直正の上京を求めて佐賀にやってきていた。神陽が生きていたら桂との歴史的対面があったかも知れないが、両雄が出会うことはついになかった。

## 最後の江戸行

平野国臣来訪のあと神陽は江戸へ旅立った。直正の参府に従っての江戸行であるが、直正の佐賀城出発は九月二十六日、先に述べた平野国臣が佐賀に来て神陽に会ったとされるのが十月十五日で時期に矛盾があるが、この年の冬（十月〜十二月）に江戸に着府していることは確かである。十二月二十五日付の神陽から種臣宛ての手紙が残っている。種臣が転役となり、江戸の明善堂詰の含みで江戸行を知らせてきたことに対し神陽は、御側（藩主家政部局）の明善堂の勤めは公私にわたり、慎重に勤めなければならないと注意している。明善堂は溜池屋敷内に設けられた文武修業の学校で、父南濠も勤めたことがあった。江戸状況はまず平穏で、外国人の徘徊もなく、神陽自身は一回も出会っていないことも知らせている。和宮降嫁につき京都では、関東への人質という話もあるが、それは大違いで、幕府は朝廷へ取り入り公武合体を考えているだけである。これくらいしか策がないところに「東吏の技倆は知れ申し候（幕府の役人の政策能力を知られよう）」と書き送っている（『副島種臣』枝吉神陽書翰所収）。

江戸へ神陽が着いたことを聞いて、来訪する者が多かった。それは「神陽君を推尊してみな師のごとくせしとなり」という状況で、そのとき江戸屋敷の同じ長屋にいた藩士は「枝吉殿は格別の人とは存じ候えども、此の節諸藩士の尊敬せし有様は誠に名誉の事と存じ候」と語ったという（木下喜作「神陽、枝吉平左衛門経種の研究」所収「相良宗蔵書簡」）。しかし、ある暗殺未遂事件が突発し、神陽の状況は一変する。文久二年一月十五日、江戸城の坂下門外で、公武合体を進めていた老中筆頭の安藤信正が尊攘派の志士に襲撃されたのである（坂下門外の変）。安藤は傷は負ったが助かった。事件の中心人物は大橋訥庵《おおはしとつあん》で、すぐに捕縛され、大橋に関係ある人物ということで、義祭同盟のメンバーで神陽門下の中野方蔵が捕えられた。このとき神陽が佐賀の二人の従弟、島義勇、木原隆忠に宛てた同年二月十三日付けの手紙に、事件が詳しく語られている。

当月四日晩、中野方蔵（千駄ヶ谷邸中に寓居）近隣の浴屋に行き申され候ところ、幕吏数十人仕懸け赤はだかにて就縛、八丁堀の獄に繋がれ候。（中略）咎の儀は、安藤殿を誅し申さんと仕り候連座の由、その聞こえこれ有り、実否未だ詳かならず、御裁許は重くして遠島にも及び候か。頭《かしら》の気遣いはこれ有るま

副島種臣（七十七歳）

じく推察仕られ候。（中略）

一、萬五郎子並びに吉村謙助両人、最前は別段御供仰せ付けられ、その仕組み相成り候ところ、方蔵一件に付き、俄《にわ》かに急々帰国相成り候様、御差図相成り候に付き、両三日中より出立の所に御座候。

（「木原文書」）

千駄ヶ谷邸とは佐賀藩の下屋敷の一つである。神陽は方蔵が遠島になるのではないかと心配しているが、町奉行が調べたところ方蔵の無実は明白になった。久米邦武は、「中野を糾問せしに、妄證を誤信して捕えたること明白し、却《かえっ》て方蔵が答弁の厳厲《げんれい》なるため、彼等は容《かたち》を改めたりといふ」と記している（『鍋島直正公伝』）。しかし、江戸の雰囲気は手紙のように、木原萬五郎、吉村謙助など江戸にいた他の義祭同盟のメンバーも危なくなってきていた。神陽自身も危険を感じていた。続けていう。

経種などは外交を断ち、閉戸仕り居り候えども、やゝもすれば嫌疑に触れ候等、時々これ有り、しかしながら御発駕も来る三月五日よりの御つもりにて、最早、近々に相成り、決して免れは仕る儀に御座候条、御安心成さるべく存じ奉り候。

（同前）

神陽も身に嫌疑がかかっていることを感じ、外出しないように慎重に行動し、直正の帰国の行列のなかで帰るから大丈夫だと伝えている。このとき種臣も江戸溜池屋敷の明善堂文武心遣の役目をもっていたが、江戸赤羽で落馬し、中野方蔵の看病を受けていた。種臣も危険人物視されていたが、直正の配慮により、十一代藩主を継いだ直大《なおひろ》に伴い「侍従公御側の名義の下に、垂れ駕籠にて帰ることを許された……」(『鍋島直正公伝』)というように、駕籠に隠れるようにして江戸を離れたのである。中野方蔵と同居していた同じく義祭同盟の山口権六(のち大審院判事、森鷗外の岳父)は江戸を離れ、東北へむかった。直正は四月に佐賀へ帰国した。神陽の帰国も同時期であったろう。

## コレラに死す

開港以来、文物とともに、コレラなどの病気も日本国内に入ってきて、かつてなく流行した。長崎から入り江戸まで大流行したのは安政五年(一八五八)のことで、佐賀藩士伊東次兵衛の日記には、佐賀郡川副あたりで三、四百人、佐賀城下市中で二百五十人余、家中では田代孫三郎など数十人が亡くなったと記している。田代は「御鋳立方の七賢人」のひとりであった。その後も、大流行ではなかったが罹病する患者は続いたようで、文久二年(一八六二)八月には神陽の妻しづが感染した。コレラは感染したらすぐに亡くなる流行病であった。おそらく、しづの感染から死去までも、そのようなものであったと想像される。妻を看病していた神陽も感染し、しづが八月十二日、神陽が二日後の十四日になくなった。

栗原荒野氏によれば、神陽は夫人の葬式の指図をしていたが、十三日には感染が現われ、しきりに勧められ床についた。三歳の嫡子を抱いて太郎と改名し、諸岡氏に嫁いでいた妹にその子を抱かせて、もしこの子の成長が叶わず養子を迎えなければならなくなったら、江上家以来の家から養子縁組をするように遺言した。また、相良宗蔵に向かい、父南濠の墓石をまだ建てておらず、碑文の草案は胸中に六百字ほどあるから残しておきたいので書き取ってほしいと頼んだが、痙攣などおこり口述することはできなかった。痙攣がおさまると、『太平記』巻二十五の「宮方の怨霊六本杉に会する事」のところを機嫌よく笑って話していたが、明け方になると病勢があらたまった。裃を枕べに置かせ、床から助け起こされ佐賀城を拝し、次に神棚を拝して従容としてなくなった。以上が栗原氏の論文（「枝吉神陽先生と葉隠」）からの大体である。副島種臣が明治二十年に記した「神陽枝吉先生碑」には、神陽の最後を「先生、将《まさ》に歿せんとする夕、悠然として天子の所を拝して曰く『草莽の臣某、事《こと》畢《おわ》れり』」とある。佐賀城ではなく、京都の天皇に向かって最後の拝礼をしたという。いずれが真かは分からない。また、いずれもあったことかも知れない。

神陽が最後に笑って話したという『太平記』巻二十五の「宮方の怨霊、六本杉に会する事」は、雨のため仁和寺本堂の縁に宿った禅僧が夜更けに、境内の六本杉の梢に足利氏に敵対し殺された後醍醐天皇の皇子大塔宮などが怨霊となって集まり、足利政権の混乱を策し、大塔宮が尊氏の弟直義の子に生まれ替わり、足利氏に内紛を企てようとする話を聞いてしまう、という物語である。神陽は笑って話したということであるから、死んでそのような怨霊になり、生まれ変わっても困るなと話して笑ったのであろうか。あるいは、神陽のこころにまだ成し得なかったいろいろなことが浮かび、ふとこの話を思い出したのかもしれない。

江戸で交際を深めた岡山の儒者阪谷朗盧は、旅の途中に神陽の死を聞き、「佐嘉枝吉死去の由、途中承り驚愕」と、その驚きを多久の儒者草場船山に伝えている。阪谷は江戸遊学期からの友人であるが、神陽の死は、佐賀藩を越えて、江戸の友人たちの間にも波紋を拡げていくのである。

先に述べたように、文久元年、すでに神陽は佐賀を訪れた平野国臣に、政権が朝廷に還らなければ国家は復興しない、自分は藩主直正を奉じて必ず勤王の旗を揚げようと確言していた。この言葉は平野を通じて、薩摩の志士たちにも伝わった。京都挙兵の行動を企てていた薩摩の尊王攘夷派は、文久二年の島津久光の江戸参府を契機にこれを実行しようとしていた。薩摩の柴山愛次郎と橋口壮介は、筑後水田の山梔窩に蟄居していた真木和泉守を訪ね決意を明かした。そこに折よく平野国臣も来た。話は進み、薩摩藩に加えて、平野が説得して長州藩をも引き込み、もし長州藩が動かなければ、長州の吉田党（吉田松陰の塾生）だけでも挙兵に引き入れたいという話であった。そのとき、平野は神陽のことも話したのであろう。柴山、橋口は、有馬新七、田中謙助両名にあてた文久二年二月五日の手紙の中で、「われわれが江戸へ着いたなら、肥前藩の枝善杢《ママ》助へ連絡して、長州・薩摩同様、京都へ出兵の策を打ち明けるつもりです（筆者注：神陽はこのとき江戸に在府）。杢助の人物は随分頼みがいある人物と察しています。常々の持論は、藩主が動かなくても、挙兵が起こったときは、自分が（藩主を）引っ張り勤王をしようと、みずから決意しているということです。それゆえ、決めた（挙兵の）

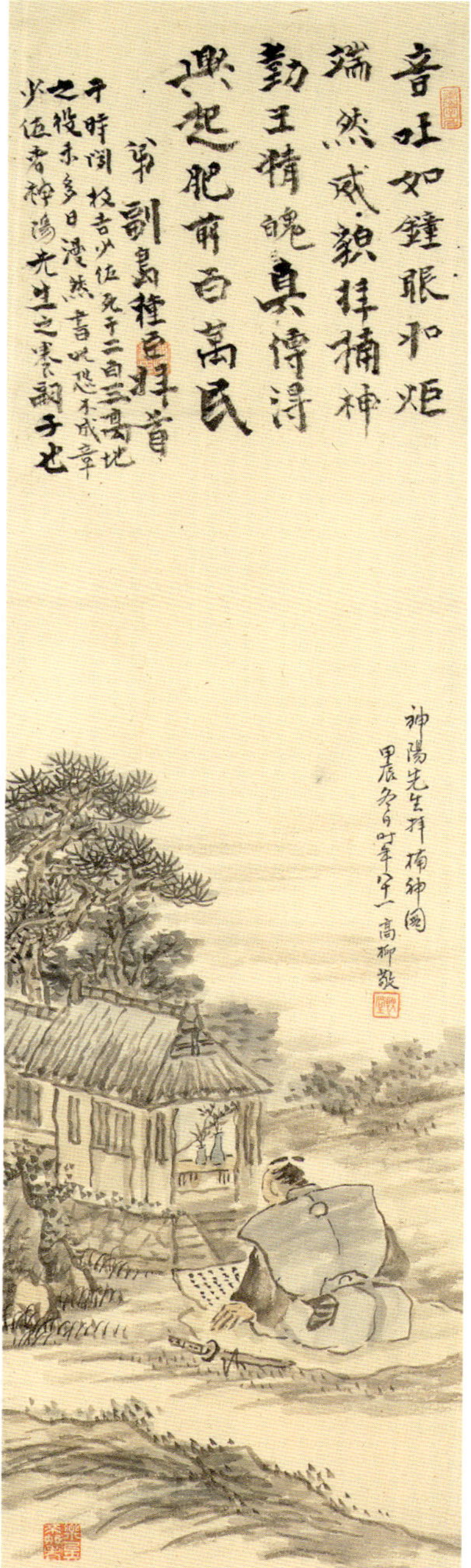

副島種臣書「神陽先生拝楠神図賛」　音吐如鐘眼如炬。端然威貌拝楠神。勤王精魄真伝得。興起肥前百万民。弟副島種臣拝首。于時聞枝吉少佐死于二百三高地之役。未多日漫然書此。恐不成章。少佐者神陽先生之養嗣子也。

策が実行されたからには、（神陽の決意に）異論は決してないだろうと、平野などは言っております」（『近世日本国民史』四十六巻引用、「柴山愛次郎・橋口壮介連署書簡」〈現代語訳〉）と述べている。

神陽の行動は、真木和泉守の山梔窩塾生や、松陰はすでに刑死していたが、その松下村塾生と並ぶ、佐賀の神陽門下、として期待されていたのである。しかし、有馬、柴山らの行動は、島津久光の意図にはまったく反するものであった。徳富蘇峰は『近世日本国民史』のなかで、「島津久光及び其の周辺の人々から見れば、有馬新七、田中謙助、柴山愛次郎、橋口壮助等の行動は、軽挙妄動と云ふばかりでなく、折角九分九厘まで出来たる公武合体の仕事を、此の一事によりて、破壊し了らるゝもの」であった、と述べている。薩摩藩内は、有馬らの行動を過激と認識していたのが実情であった。久光は、彼らの行動の制止を家臣に命じ、ついに上意討ちに及ぶ悲劇の寺田屋事件となっていく。行動を止めようとしない有馬新七（三十八歳）、柴山愛次郎（二十七歳）、橋口壮介（二十二歳）らは、寺田屋で斬り死にし、重傷の二名は切腹を命ぜられ、ひとりが自決した。志士九名が倒れたのである。この四月二十三日に京都の伏見寺田屋で起こった事件を、神陽はどのように聞いたのであろうか。おそらくこの年、神陽は、江戸参府していた直正に従い四月初めごろには帰国したと思われるので、五月の初めには佐賀で寺田屋の一報を聞いたであろう。しかし、この年八月に没する神陽に、その後の行動の時間は残されていなかった。

この後、幕末史は、いよいよ回転を速くして、渦は渦を産み、天誅組挙兵、八月十八日の政変、七卿落ち、生野挙兵、池田屋事件、禁門の変など、神陽の死後二年の間に目まぐるしいようにさまざまな出来事が起こり、敵味方多くの人々が歴史の波間にその生を終えていった。神陽が生きていたならば、この志士たちの動きにどのように関わっていったのであろうか。それはわからないが、神陽に学び、その志を継いだ多くの門下は、維新にその花を咲かせていくのである。

# あとがき

伏見寺田屋事件で討たれた薩摩勤王党の柴山愛次郎、橋口壮助が、有馬新七ほか同志に充てた手紙では、長州の吉田党（松下村塾）、筑前の平野国臣、筑後の真木和泉守（山梔窩塾）、佐賀の枝吉神陽（義祭同盟）などを有力な尊王派と見なしており、「杢助」と神陽の名が見える。当時神陽は全国的な尊王派山脈の一方の雄と目されていた。ところが文久二年（一八六二）神陽はコレラで急逝したため、以後その門下は幕末回天の動乱の渦中では雌伏し、神陽の名は次第に人々の記憶から遠ざかっていった。今回、佐賀の幕末史に欠くことのできない人物として、枝吉神陽が偉人伝シリーズの一冊として取り上げられることになった。いままで、単著としての伝記はなく、その生涯の全貌をつかむことは難しかったが、幸いなことに平成十八年、福博印刷社長原健三氏のもと同社出版部出門堂により『枝吉神陽先生遺稿』が刊行された。そのなかに収載された遺稿や、島善髙、江頭慶宣両先生が執筆された論文、年表などの学恩により本稿をなすことができた。改めて御礼申し上げる。

神陽が主宰した義祭同盟は、長崎警備に苦しんだ佐賀藩に生まれた尊王派である。一般に尊王攘夷というように、尊王派は強く攘夷を掲げ、洋学を学ぶものと対立することが往々にあった。しかし義祭同盟には、蘭学英学両方に通じた小出

枝吉神陽先生顕彰碑（佐賀市・高伝禅寺）

千之助を筆頭に、蘭学寮に学んだ江藤新平、石丸安世、大隈重信はじめ、のちに佐賀藩が長崎に設けた英学校致遠館の責任者となる副島種臣など、佐賀藩で洋学に関わる主要な人物が集まった。長崎警備を担当し、実地に欧米列強の実力を熟知する佐賀藩において、神陽の尊王思想はきわめて現実的認識の上に立っており、西洋並みの大砲ひとつ造ることがいかに困難かをよく知っていた。それさえできぬ攘夷は、ただの空論である。本当に攘夷に勝利をおさめようとすれば、何より洋学を習得熟練する必要があった。幕末における佐賀藩の特異な在り方は、西洋のレベルをよく知っているところから出発しており、尊王派も例外ではなかったのである。

本書は、文久二年に満四十歳で没した神陽の生涯を、その家庭、友人、門下などとの交流を中心に描いてみたものである。幕末佐賀藩の一断面に、深い日本の歴史という井戸から汲み上げた智恵をもって、友人と語り、門下を導き、日本の未来を見つめていた人物がいたことを知っていただければ、著者として幸いである。

終わりにあたり、貴重な史料をご提供くださいました枝吉栄美子様、齋藤洋子様に厚く御礼申し上げます。また碇美也子様、志波深雪様、江口道明様、原田彰様、和田夏生様はじめご教示ご助力を賜りましたみなさまに深く感謝申し上げます。

なお、本書中の引用については、基本的に新字新仮名遣いで表記し、漢文的表記は訓読し、必要に応じて補足を加えている。

平成二十七年一月二日

大園隆二郎

## 枝吉神陽関連略年譜

| (西暦) | (和暦) | (年齢) | (事項) |
|---|---|---|---|
| 1822 | 文政 5 | **1** | 5.24 枝吉忠左衛門種彰(南濠)の長男として南堀端に生まれる。母は喜勢。幼名駒一郎。 |
| 1825 | 文政 8 | **4** | 父南濠, 南都宝蔵院流（槍術）を皆伝する。8 月, 父南濠, 弘道館教諭となる。 |
| 1828 | 文政 11 | **7** | 9.5 弟二郎（副島種臣）生まれる。 |
| 1832 | 天保 3 | **11** | 11.20 弟豊三郎（利種）生まれる。 |
| 1834 | 天保 5 | **13** | 10.1 藩主鍋島斉正（直正）に初めて御目見えする。 |
| 1836 | 天保 7 | **15** | 12.1 元服する。 |
| 1837 | 天保 8 | **16** | 3.19 妹萬寿生まれる。 |
| 1841 | 天保 12 | **20** | 5.29 名前を平左衛門に改める。 |
| 1842 | 天保 13 | **21** | 9 月, 草場佩川の家で, 佐賀の儒学者たちとともに佐賀城下来訪中の広瀬淡窓を歓迎する。 |
| 1844 | 天保 15 | **23** | 4.11 江戸への 3 年間の遊学を命ぜられ, 5.27 出立。9.11 昌平黌に入学する。 |
| 1846 | 弘化 3 | **25** | 1.15 昌平黌書生寮が類焼で焼失, 3 月, 友人 4 人と鎌倉, 浦賀, 水戸などを経由して東北へ旅行し, 6 月, 戻る。10.29 越中, 丹波を廻り, 佐賀へ帰国する。11.11 従妹にあたる木原壮兵衛の娘しづと結婚。11.16 父南濠, 江戸へ発足。 |
| 1847 | 弘化 4 | **26** | 3.26 佐賀を出発して, 再び江戸昌平黌へ遊学に向かう。11.4 長女常（のち夏秋貫一に嫁す）生まれる。 |
| 1848 | 嘉永 1 | **27** | 1.25 昌平黌書生寮の舎長となる。3.13 江戸の佐賀藩邸中屋敷の溜池屋敷内の学問所明善堂の文武方となる。3.21 帰国の途に就く父南濠を品川まで見送る。7 月, 友人 2 名と富士山に登山する。 |
| 1849 | 嘉永 2 | **28** | 3.11 帰国のため, 昌平黌書生寮舎長の御役御免を願い出る。6 月, 帰国の途上, 京都に滞在し, 陽明学者春日潜庵を 4, 5 回尋ねる。潜庵「諸藩の中, 此様の男子を相見申さず」と称揚する。8 月, 佐賀藩藩校弘道館指南役となる。 |
| 1850 | 嘉永 3 | **29** | 2 月, 佐賀城下で平戸藩楠本碩水を応接, 碩水は神陽を「雞群中の鶴」と評す。5.25 佐賀城下南郊の梅林庵で初めて楠木正成父子像を祭る楠公祭を行なう。6 月, 弘道館教諭となる。8 月, 御仕物方に任ぜられる。8 月, 大風と豪雨災害の現地に入り, 死者を弔う。12 月, 佐賀城下で長州藩吉田松陰を応接。後年, 松陰は九州に向かう友人に強く神陽に会うことを勧め, 神陽を「奇男子」と称賛する。 |
| 1854 | 嘉永 7 | **33** | 8 月, 神職の教育機関たる神学寮が開校, 神陽も教授する。 |
| 1855 | 安政 2 | **34** | 2.9 平左衛門を杢之助に改める。 |
| 1856 | 安政 3 | **35** | 5.25 楠公父子像を龍造寺八幡宮境内に遷座し, 神祭で楠公祭を行なう。 |
| 1857 | 安政 4 | **36** | 11.19 母喜勢死去, 60 歳。 |
| 1858 | 安政 5 | **37** | 5.25「祭楠神文」の祭文を楠公祭義祭同盟に捧げる。6 月, 神陽と種臣が話し合い, 種臣が京都に上り, 尊王派公家大原重徳に倒幕を献言。 |
| 1859 | 安政 6 | **38** | 1.4 父南濠死去, 73 歳。秋, 長崎に向かう会津藩の友人秋月悌次郎が, 佐賀城下に神陽を訪問する。10.4 末弟利種死去, 28 歳。 |
| 1860 | 万延 1 | **39** | 5 月, 秋月藩の志士戸原卯橘, 海賀宮門, 佐賀城下で神陽, 種臣たちと会う。12.26 長男種徳生まれる。 |
| 1861 | 文久 1 | **40** | 10 月, 筑前の志士平野国臣, 佐賀城下で神陽に会い, 勤王の旗揚げについて話を交す。冬, 江戸へ上る。12.25 江戸の状況を弟（副島種臣）に知らせる。 |
| 1862 | 文久 2 | **41** | 2.13 江戸にて, 中野方蔵捕縛の状況などを島義勇, 木原隆忠に知らせる。4 月頃, 藩主直正の帰国に随従し佐賀に帰る。8.12 妻しづコレラにて死去。看病で感染し, 8.14 コレラにて死去。木原の阿弥陀寺に葬らる。 |

## 枝吉神陽参考文献

「徳久熊本県知事の談話」「筆廼須佐備序」,『栄城』第 8・11 号, 佐賀県第一中学校栄城会, 1899-1900 年
中島吉郎『佐賀先哲叢話』, 佐賀郷友社, 1902 年
春日精之助編『春日潜庵伝』, 1906 年
中村木公編『名家長寿実歴談』, 実業之日本社, 1907 年
「久米邦武講話 —— 葉隠に就て」,『佐賀』第 80 号, 佐賀郷友青年会, 1915 年
平野國臣顕彰会編『平野國臣遺稿』, 博文社, 1916 年
中村郁一『鍋島閑叟』, 平井奎文館, 1917 年
中野礼四郎編『鍋島直正公伝』第 1 ～ 6 編, 侯爵鍋島家編纂所, 1920 年
寺尾英量編『幕末之名士金子与三郎』, 上山町教育会, 1926 年
矢野太郎『矢野玄道』(愛媛県先哲偉人叢書 第 1 巻) 愛媛県教育会, 1933 年
久米邦武『久米博士九十年回顧録』上巻, 早稲田大学出版部, 1934 年 (のち宗高書房から再刊)
高須芳次郎『藤田東湖全集』第 4 巻, 章華社, 1935 年
相馬由也編『中野方蔵先生』, 1936 年
丸山幹治『副島種臣伯』, 大日社, 1936 年 (のちみすず書房から再刊)
山口県教育会編纂『吉田松陰全集』第 10 巻, 岩波書店, 1939 年
平田俊春「枝吉神陽」,『中央公論』9 月号, 中央公論, 1943 年
武藤正行『勤皇家戸原卯橘』, 大日本雄弁会講談社, 1943 年
「木原文書」, 坂井隆治著『ふるさとの味』, 金華堂, 1962 年
海賀戸原両志士百年忌追悼会委員会編纂部編『海賀戸原両志士小伝』, 同委員会, 1962 年
今泉みね『名ごりの夢 —— 蘭医桂川家に生まれて』, 平凡社東洋文庫, 1963 年
『幕末維新陽明学者書簡集』(陽明学大系第 11 巻), 明徳出版社, 1971 年
森銑三『森銑三著作集』第 6・10 巻, 中央公論社, 1973-74 年
『幕末維新朱子学者書簡集』(朱子学大系第 14 巻), 明徳出版社, 1975 年
枝吉勇『草稿 枝吉南濠神陽略伝』, 1978 年
三好不二雄監修『草場珮川日記』下巻, 西日本文化協会, 1980 年
岡鹿門「在臆話記」, 森銑三他編『随筆百花苑』第 1 巻, 中央公論社, 1980 年
『佐賀藩幕末関係文書調査報告書』, 佐賀県立図書館, 1981 年
大西晴隆・疋田啓佑『春日潜庵・池田草庵』(叢書・日本の思想家 44), 明徳出版社, 1987 年
佐賀県教育史編さん委員会編『佐賀県教育史』第 1 巻 (資料編 1), 佐賀県教育委員会, 1989 年
杉谷昭『鍋島閑叟』, 中公新書, 1992 年
木下喜作「神陽、枝吉平左衛門経種の研究」,『葉隠研究』22 号, 葉隠研究会, 1993 年
福岡市博物館編『福岡県明治維新史料展』, 霊山顕彰会福岡県支部, 1994 年
関山邦宏「書生寮姓名簿」「登門録」翻刻ならびに索引 (「近世における教育交流に関する基礎的研究」第三次報告書), 1999 年
関山邦宏「昌平坂学問所書生寮「弘化丁未以後舎長日記抜抄」の翻刻」,『国府台』(和洋女子大学文化資料館・博物館学課程報告 10), 和洋女子大学文化資料館, 2000 年
島善高「枝吉神陽の学問について」,『葉隠研究』45 号, 葉隠研究会, 2001 年
橋本昭彦編『昌平坂学問所日記』Ⅱ・Ⅲ, 斯文会, 2002・2006 年
島善高「幕末に甦る律令 —— 枝吉神陽伝」,『律令論纂』, 汲古書院, 2003 年
『楠公義祭同盟』, 楠公義祭同盟結成百五十年記念顕彰碑建立期成会, 2003 年
島善高『副島種臣全集』2, 慧文社, 2004 年
海保洋子「十文字龍助略年表」,『十文字家文書』(北海道立文書館所蔵資料目録 20) 北海道立文書館, 2005 年
龍造寺八幡宮楠神社編『枝吉神陽先生遺稿』, 出門堂, 2006 年
齋藤洋子『副島種臣と明治国家』, 慧文社, 2010 年
多久島澄子『神陽先生顕彰碑の発起人石丸安世』平成二十六年度楠神社例祭社頭講話資料, 2014 年
『南濠先生遺稿』巻 1 ～ 2、4 ～ 9, 佐賀県立図書館蔵
南摩綱紀『負笈管見 —— 乾坤』, 福島県立図書館所蔵

## 枝吉神陽関連史跡

**阿弥陀寺**
天正時代以前に龍造寺家臣団により開基。枝吉神陽はじめこの寺に葬られたが，明治期に高伝禅寺に移された。
佐賀市木原 2-18-12
TEL 0952-23-1585

**楠神社**
楠木正成を祀る神社。義祭同盟による祭祀が行なわれた。龍造寺八幡宮内。楠公父子像は礼祭日のみ御開帳される。
佐賀市白山1丁目 3-2
TEL 0952-23-6049

**高伝禅寺**
鍋島家の菩提寺。「枝吉神陽先生碑」とともに神陽はじめ枝吉家と副島種臣の墓がある。

佐賀市本庄町本庄 1112-1
TEL 0952-23-6486

**弘道館跡**
佐賀藩校の跡地に記念碑が建っている。神陽と父南濠は教諭，実弟副島種臣は教授として教鞭を執った。

佐賀市松原 2-5-22

**佐賀県立図書館**
大正２年鍋島家によって建設された佐賀図書館に始まる。大木俊九郎書写『神陽先生遺稿』，『南濠先生遺稿』などを所蔵。
佐賀市城内 2-1-41
TEL 0952-24-2900

**佐賀県立博物館・美術館**
自然史，考古，歴史，民俗，美術・工芸の諸資料を，「佐賀県の歴史と文化」として常設展示。神陽関係の書や文書を所蔵。
佐賀市城内 1-15-23
TEL 0952-24-3947

**佐賀城本丸歴史館**
幕末維新期の佐賀を紹介する展示を行なっている。枝吉神陽関係の書や文書を所蔵する。

佐賀市城内 2-18-1
TEL 0952-41-7550

**副島種臣生誕地**
大正９年に佐賀城南堀に面して，「蒼海伯副島種臣先生々誕之地」と刻された石碑が立てられた。枝吉神陽の誕生地も同じ。

佐賀市鬼丸町７番

**梅林寺**
枝吉神陽は，この寺に楠公父子像が遺されていることを知り，嘉永３年から義祭同盟を行なった。

佐賀市本庄町本庄 377
TEL 0952-24-9005

**史跡湯島聖堂**
**公益財団法人斯文会**
幕府の聖堂を保存管理し，昌平黌を顕彰する。佐賀からは枝吉神陽ら多くが昌平黌に留学した。
文京区湯島 1-4-25
TEL 03-3251-4606

大園隆二郎（おおぞの・りゅうじろう）
1952年，佐賀県生まれ。
1975年，國學院大學文学部史学科卒業。元佐賀県立図書館近世資料編さん室長。現在，佐賀市文化財保護審議会委員。
編著・論文：
『楠公義祭同盟』（共著・楠神社）
『街道の日本史50 佐賀・島原と長崎街道』（共著・吉川弘文館）
『大隈重信』（西日本新聞社）
『黄檗僧と鍋島家の人々』（共著・佐賀大学地域学歴史文化研究センター）
『肥前国河副荘史料』（編著・低平地研究会）



佐賀偉人伝14 さがいじんでん 14
# 枝吉神陽 えだよししんよう

2015年　1月20日　初版印刷
2015年　1月30日　初版発行

著　者　大園隆二郎 おおぞのりゆうじろう
発行者　七田忠昭
発行所　佐賀県立佐賀城本丸歴史館 さがけんりつさがじようほんまるれきしかん
佐賀県佐賀市城内2-18-1　〒840-0041
電話 0952-41-7550
FAX 0952-28-0220
装　丁　荒木博申（佐賀大学）
編集協力　和田夏生（工房＊アステリスク）
印　刷　福博印刷株式会社
歴史資料の収録にあたり、一部に不適切と考えられる表現の記載もありますが、その史料的な価値に鑑み、そのまま掲載しました
ISBN978-4-905172-13-0　C3323

# 佐賀偉人伝 既刊 2015年1月現在 A5判・112頁・本体価格952円＋税

佐賀偉人伝01 ISBN978-4-905172-00-0
**鍋島直正** 杉谷 昭 著
佐賀藩が近代化を進めるにあたって強力なリーダーシップを発揮したのが第10代藩主・鍋島直正です。鍋島直正が推進した“抜本的な改革”と“驚くべき挑戦”、さらに、刻々と変化する幕末の政治状況下における決断と動向にも迫ります。

佐賀偉人伝02 ISBN978-4-905172-01-7
**大隈重信** 島 善髙 著
不屈の政治家として生涯を貫き、早稲田大学の創設者としても知られる大隈重信。わが国はじめての政党内閣を成立させた政治家としての足跡や、教育へむけた理念などを中心に、さまざまな分野での活躍についても紹介しています。

佐賀偉人伝03 ISBN978-4-905172-02-4
**岡田三郎助** 松本誠一 著
第1回文化勲章受章者である岡田三郎助は、美人画に独特の優美さをそなえ、「色彩の画家」と評されました。東京美術学校（現東京藝術大学）で教鞭を執り、帝国美術院会員、帝室技芸員として美術界を牽引。絵画作品のカラー図版も多数収録。

佐賀偉人伝04 ISBN978-4-905172-03-1
**平山醇左衛門** 川副義敦 著
江戸末期に佐賀藩でいちはやく導入された西洋砲術は、武雄領主・鍋島茂義の指揮のもと推進されました。その最前線にあって当時最新鋭の技術導入に奮闘し、めざましく活躍した平山醇左衛門は、突然の斬首という不可解な死を遂げました。

佐賀偉人伝05 ISBN978-4-905172-04-8
**島 義勇** 榎本洋介 著
島義勇は、明治初期に開拓判官として北海道に入り、札幌を中心として都市を建設するために尽力しました。新政府における開拓使設置の目的や、初代長官に鍋島直正、判官に島を選任した背景、さらに島の苦難と取組みについて検証します。

佐賀偉人伝06 ISBN978-4-905172-05-5
**大木喬任** 重松 優 著
大木喬任は、明治前期のわが国の制度づくりにたずさわり、とくに初代文部卿として近代的教育の確立に力を尽くしました。深く歴史に学び、経世家として評価された大木が、新しい時代へむけて抱いた構想と功績に切りこみます。

佐賀偉人伝07 ISBN978-4-905172-06-2
**江藤新平** 星原大輔 著
江藤新平は、微禄の武士でありながら藩内で頭角を現わし、明治政府においては、司法や教育をはじめ日本のさまざまな制度づくりに活躍しました。本書は、江藤のさまざまな動きについて、綿密に追跡しながら明らかにしていきます。

佐賀偉人伝08 ISBN978-4-905172-07-9
**辰野金吾** 清水重敦・河上眞理 著
幕末唐津藩で生まれた辰野金吾は、東京駅や日本銀行を手がけるなど、明治期日本の西洋建築の第一人者です。本書は、辰野の足跡をたどり、ヨーロッパ留学時のスケッチブックを手がかりに、辰野の建築様式に新たな見解を提起します。

佐賀偉人伝09 ISBN978-4-905172-08-6
**佐野常民** 國 雄行 著
佐野常民は日本赤十字の父として有名です。また、万国博覧会や内国勧業博覧会などの事業についても尽力しました。本書は、博覧会事業を通してうかがえる佐野の構想や業績を探ることにより、日本の近代化の一側面を描き出します。

佐賀偉人伝10 ISBN978-4-905172-09-3
**納富介次郎** 三好信浩 著
小城出身の納富介次郎は、日本の工芸教育のパイオニアです。海外視察の体験を生かし、日本の伝統工芸を輸出産業に発展させる方策を探求しました。日本各地に「工芸」教育の学校を興し、人づくりに貢献。異色の教育者の生涯を発掘します。

佐賀偉人伝11 ISBN978-4-905172-10-9
**草場佩川** 高橋博巳 著
多久邑に生まれた草場佩川は、二十代半ばにして朝鮮通信使の応接に関わり、その詩文や書画は通信使たちから絶賛されました。のちには弘道館の教授として、また文人として全国に名をとどろかせました。江戸時代に日本と朝鮮のあいだで交わされた友情の軌跡をたどります。

佐賀偉人伝12 ISBN978-4-905172-11-6
**副島種臣** 森田朋子・齋藤洋子 著
副島種臣は明治新国家の構築に関わり、ことに黎明期外交において活躍し、一等侍講として明治天皇の深い寵愛を受けました。本書は、欧米列強からも喝采を浴びた外交上の功績や、絶えず政府に注視された政治活動などを軸に、多くの知識人に敬仰された巨大な姿を追います。

佐賀偉人伝13 ISBN978-4-905172-12-3
**伊東玄朴** 青木歳幸 著
伊東玄朴は、神埼仁比山の農家に生まれ、将軍の主治医にまで栄達した蘭方医です。苦学を重ねて藩医となり、佐賀藩の蘭学の発展に貢献しました。江戸に医塾・象先堂を開き、お玉ケ池種痘所の設立に中心的な役割を果たしました。本書は医師玄朴の波乱に満ちた生涯を追います。